70歳、はじめての男独り暮らし

西田輝夫

GENTOSHA

はじめに

「洗濯機の上の棚に洗剤などが置いてありますから。前から順番に、洗剤、漂白剤、その順番で洗濯機に入れていくのよ。蓋をしてから、一番奥に置いてある柔軟剤を三番目に入れるのよ。わかった？　スイッチは、ボタンを押せばいいだけだからね」

私は洗濯機の前で、妻に言われるままに作業をし、スタートのボタンを押しました。

洗濯の始まりです――。

次に、料理の特訓です。台所で野菜を切ります。

こわごわゆっくりと、不揃いに切ることは私でも出来ますが、タマネギのみじん切りというのがわかりません。どのように切っても、小さな四角のみじん切りのタマネギになりません。最後には適当に切ったタマネギを並べて、めったやたらと包丁を入れて、切るというよりどちらかというと潰していますと、妻が台所に来て、

「貸して。最初に切る時は端を残して切って、方向を変えて、次は最後まで切るのよ。わかった？」

「味付けは、出汁に、とにかくお醤油とみりんとを適当に入れて、味見をしながら調整すれば良いのよ。自分の舌を信じて！」

このようにして、妻の人生最後の数ヶ月、洗濯と料理の仕方の特訓が行われました。

この頃にはもう、妻はかなり体がきつくなり、ほとんどソファに横になったままでしたが、調子が良い日は、起き上がり台所にやってきて、色々と細かい点を教えてくれました。

妻は、春のお花見と秋の紅葉狩りが大好きでした。

「一生に一度は、吉野の桜を見に連れて行ってね」

とよく言っていました。

数年前、私が大学を完全に離れ公職から退きましたので、やっと自由な時間が取れるようになりました。

そこで早速、大阪城公園の桜、吉野の桜、そして奈良の桜を見に行く計画を立てました。十五回目の結婚記念日を友人ご夫妻と共に祝い、翌日から、まるで子供が遠足に行くような明るい気持ちで、お花見に出かけました。

大阪城公園と奈良の新薬師寺や東大寺では桜が丁度満開で、素晴らしい桜を楽しむことが出来ました。しかし、一番の目的であった吉野の桜には少し早く、まだ二分か三分咲きでした。

「よし。来年また連れてきてあげよう。来年こそはタイミングを計って、満開の吉野の桜を見に来よう」

と話しながら、山口に戻ってきました。帰宅後、妻は撮影した写真を整理してお気に入りのベストショットを印刷したりして、楽しみました。

この時すでに病魔が妻の体を冒し始めているなどと、二人とも夢にも思っていませんでした。

お花見から二、三週間経った四月の末のことでした。

「不正出血があるから、お医者さんに診ていただいてきます」
と言い残して、妻は医学部時代の同級生に相談して福岡に出かけました。

診察の結果は、子宮頸がんでした。

それから九ヶ月間に及ぶ抗がん剤と放射線による治療が行われました。しかし、残念ながら肺や肝臓への転移が見つかり、余命半年の宣告がなされました。

そして、がんと診断されてから約一年半後。

私を残して妻は帰らぬ人となりました。

独りで生活を始めてみますと、最低限必要な家事は、料理、洗濯と掃除ですが、それ以外に実に沢山のことがあることがわかりました。何もかも妻に任せていた私は、実はATMでお金を引き出したり振り込んだりなどを、それまで一度もしたことがありませんでした。さらに、通帳と印鑑を持って銀行に行けば、預金を下ろせるという古い考えの人間でした。さらに、家や庭の手入れや確定申告の問題など、多種多彩な家事が山積しています。

始めてみますと家事というものは、一日の中でとてつもなく大きな時間を占めていることに気づきました。

様々な家事の中でも、食事を確保することは毎日絶対に必要なことです。つまり、料理を作ることが最優先の家事となります。洗濯は、少しサボっても十分な数の下着や靴下などを買い求めればなんとかなります。掃除は、ゴミさえちゃんと出して家の中をゴミ屋敷にしないように気をつけておけば、埃だらけで空気が汚れてはいますが、まあ後に回しても良いのです。

したがって、最初に挑戦する家事は料理作りでした。

慣れるにつれ、また友人や私のことを心配してくださる方々に支えられ、洗濯そして掃除と家事のレパートリーを増やしていきました。

しかし妻が逝って一年以上経ちますが、昔、妻が片付け、清潔で快適にしてくれていた家とは雲泥の差があります。

なんとか「ゴミ屋敷にだけはしないように」と努めるのが精一杯です。実際に一人で生活をしてみますと、まだまだわからないことが山程あり、どうして聞いておかなかったのかとの後悔の連続です。

妻を亡くしてから、古くからの友人や知り合いから、「私も同じように、妻を数年前に亡くしました」とのお手紙をいただきました。

一般には、男の方が先に逝くものだと考えられていますが、奥さんを先に亡くされている方が案外おられることに驚きました。

お手紙では、どのようにしてその困難を乗り切ったか、寂しさを乗り越えたかなどの経験を記してくださり、一人で生活していく上でのコツなどを親切に教えてくださいました。何よりも十年ぶり、数十年ぶりにいただく励ましのお手紙が私の心に沁《し》み込み感謝の気持ちで満たされました。

どうして良いかわからずに呆然《ぼうぜん》としている私にとって、大変な励ましと助けでした。

そこで、妻が逝ってから一年半、春夏秋冬を経験し大体のところどのように生活すれば良いかが見え始めてきた今、古希を迎えて一人になったオトコの心の中でどのような葛藤があり、どのようにして家事をこなし、生き甲斐ややり甲斐を求めて喪失感を乗り越えようとしているかをお話しすることがお役に立つのではと考え、筆をとりました。

家事を始めるには、歳をとりすぎているかもしれません。ですが、自分でするしか生き延びる方法はないのです。失敗も含めて、皆様のお役に立てればと祈っています。

西田輝夫

70歳、はじめての男独り暮らし　目次

第二章
男やもめが生きぬくための七つのルール

第三章
妻を亡くして ～オトコ心の変化～

装幀　多田和博
カバーイラスト　ⒸKATSUHIKO YAMAGISHI/a.collectionRF/amanaimages
DTP　美創

JASRAC 出 1711967-701

第一章

家事に殺される!?

~オトコ、はじめての家事~

I――オトコの独り家事入門

✦家事素人

大学を卒業して以来、私は生涯を大学医学部の中で過ごしてきました。眼科医として診療に従事し、眼科研究者として幾つかの新しい知見を見出《みいだ》し、そして教育者として次の時代の眼科医を育ててきました。夜遅くまで大学で過ごし、いわゆる家事ということは一切してきませんでした。

どんなに遅く帰宅しても、食事が用意されていました。掃除、洗濯どころか、もっと言えば自分の書斎の整理すらしたことがありません。妻も眼科医でしたので、机に散らばった論文や資料をさっと見て、内容別、あるいはプロジェクト別にきちっとファイルしてくれたのです。

毎日出かける時の服装も全て妻が用意をしてくれていました。「どっちでもいいのに」と心の中で呟《つぶや》いていましたが、毎朝、スーツの色に合わせたワイシャツ選び、ネクタイの選択と妻は大忙しでした。穿いてみてズボンのプレスが弱ければ、

「アイロンをかけるから。すぐに脱いで」

と言われ、「大丈夫だよ、これでいいよ」と言う間もなく脱がされていました。

「お布団を今日は干したのよ。気持ちいいでしょう」

「うん、ありがとう。とても気持ちいいよ」

いつもこのような感じでした。ましてや、ゴミの分別などということは全て妻がしてくれ、私は一度もしたことがありません。

学会や講演に出かける時には、予定を言えば、必要な数の下着とワイシャツ、持病の薬までバッグに用意してくれ、それを持って出かけるだけでよかったのです。私がすることは、パソコン、それにパワーポイントのデータなど、講演に関わるものを忘れずに準備することだけでした。おかげで、出発前の最後の瞬間まで、講演のスライドを修正し、自分が納得するまで見直すことができました。

いざ妻が逝ってからは、誰も出かける準備をしてくれませんから、自分で日数分の薬を用意し、下着やワイシャツの数を数えて、適当な大きさのキャリーバッグを探して、詰めてという作業をすることになります。これがとんでもなく時間をとることに気づきました。

スライドの最後のチェックよりも先に、まず出かけられるだけの準備を行い、その上で余った時間を最後のチェックに使うというスタイルにならざるをえません。ただ、友人にこのことをぼやくと、

「君は今まで甘やかされすぎていたのだよ。出張の準備などは、元々自分でするものでしょう」

と全く問題にしてくれません。それほどまでに、私は甘やかされていたのです。

家事についても、まずは毎日の食事の準備、洗濯、そしてたまに行う掃除と、それぞれは大して時間を取らないかもしれませんが、全体としますととても時間を必要とします。毎日送られてくる手紙とダイレクトメールを処理するだけであっという間に一時間、二時間と時間が取られます。いざ一人でこなさなければならなくなると、家事をするというのは大変な作業だということがよく分かりました。

家事に殺される！

と心の中で叫んだことも一度や二度ではありません。

妻と一緒に生活した十六年半の間は、私にとって人生の収穫期でもありました。

結婚して直《す》ぐに、アメリカの角膜学会が毎年世界中でたった一名にだけ与える、夢にまで見ていた最高の名誉でありますカストロヴィエホ賞を頂くことができました。その後も、西日本文化賞、日本医師会医学賞、日本眼科学会賞、中国文化賞など次々と大きな賞を頂くことができました。現在承認されている薬剤では治癒に至らない、難治性の角膜障害への治療法を、世界で最初に三つも見出すことができました。

研究で悩むと「試してみたら」と躊躇《ちゅうちょ》することなくいつも背中を押してくれる妻がいたおかげで、私はいつも思い切って研究を前に進めることができました。私が家の外で思い切り羽ばたき、研究をし、成果を挙げることができた裏で、妻がどれだけ莫大な時間と労力を使って、働きやすい環境、帰宅して安らげる環境、そして外に出たら清潔できちっとした服装でおられるようにと準備してくれていたかを改めて実感します。

もう「ありがとう」と言っても聞こえないかもしれませんが、今は本当に感謝の気持ちで一杯ですし、私がもし幾ばくかの貢献を社会にできたとするならば、その半分は妻のおかげであると改めて心から思います。

しかし、覚悟はしていたものの、実際に妻がいなくなり自分一人で生活をせねばならなくなりますと、小さなことから大きなことまで色々なことが起こってきます。

切なさと愛しさと空腹

一人で家の中に居ると、妻の思い出に耽《ふけ》ったり、ぼーっとして過ごしてしまいますが、現実には生活をしていかなければなりません。妻が元気な時にはしてくれていたことを、古希を過ぎて初めて全て自分でせねばならなくなりました。家事のうち幾つかは後日に回すことができますが、食べること、食事をどうするかということだけはどうしても毎日のことですから大きな課題となります。最後の一ヶ月半まで、自宅で妻は生活できましたから、その間に料理の仕方の基礎を教えてもらいました。

しかし、いざ自分一人でやってみるとなかなかうまくいかないものです。ちょっとした小さなことが引っかかります。今でもまだまだわからないことが多く、例えば片栗粉の使い方やフライのやり方などは未《いま》だにわかりません。

食べるということは、毎日絶対に必要なことですし、一人で生活する上で大切な健康を守るという観点からも、どのように食事をとるかということは真剣に考えていかねばなりません。そこで、幾つかの食事や調理に関する原則を心の中で決めました。

最初の原則として決してコンビニのお弁当は買わないという決心をしました。

昔は仕事が忙しく、夕方にコンビニのお弁当を買ってきて、仕事をしながら食べ、深夜に帰宅してから妻の作ってくれた夕食を食べるという生活をしてきました。栄養のバランスやカロリーなどを考えると、コンビニのお弁当が便利で、決して悪いものではないことは重々承知しています。しかし、一度お弁当を買って食べる癖が戻ると、意志の弱い私は残りの人生、もっとも簡便な方法として毎日お弁当を買いにコンビニに走るのではとの不安がありました。一度癖をつけてしまうと、その食生活から抜けられなくなると考えたのです。

ただ、何もかも自分一人で料理を作ることはできませんし、幾つかの種類の小鉢を一人前ずつ用意することは難しいので、いわゆるデパ地下でのお惣菜は買っても良いとしました。講演に出かけたり診療に出かけたりした時に、外で食事をとる機会も多く、実際は週に三日ぐらいですが、家に居る時には自分なりに何かを調理してみようと決心しました。

台所に立つと、どの棚に何が片付けられているのかがわからないことに気づきます。妻の片付けや整理の仕方と男の私のやり方とでは、置き方などが変わってくるのでしょう。

そのような訳で、台所での様々な用具の配置が徐々に変わっていくことになります。包丁の種類も最初はわかりませんでしたし、未だに完全に使いこなせません。包丁が切れなくなった時にはどうするのかも課題でした。

何よりも、その日の夕食に何を食べるのかを決めることの大変さを実感しました。夕方の四時頃になると、献立を考え始め、冷蔵庫の中の残っているものを確認し、必要であればそれからスーパーに買いに走ります。自分で作って自分で食べるのですから、気に入れば毎日同じものとなってしまいます。今まで私のために夕食を用意してくれていた妻は、何を夕食に出そうかと毎日考えていたのだろうなと思うと、献立を決めるという簡単そうなことでも結構大変な作業だなということに気づき、改めて感謝の気持ちが湧き出てきました。

オトコが作る料理の献立は実に単純です。

基本は、野菜をまず食べること。次に、牛肉、豚肉、鶏肉、魚のどれにするかを決めること。付け合わせなどということは贅沢の極みです。せいぜいキャベツかタマネギの炒め物ぐらいです。それでも多少は前日と異なる味付けをと考えますから、色々な調味料を揃えることになります。妻が使っていた家にある調味料以外に、デパートなどで新しいものを求め試してみました。

次に調理の仕方です。最初はフライパンで炒めるだけでしたが、徐々にだし汁を使って煮物を作るなどということも身につけました。

料理を作り、食べた後の、食器洗いがまた大変です。妻が闘病中、私が洗い物をしていた頃は「食後ゆっくりしたいから後で洗うよ」と言っていました。ですが、食べてすぐに洗う方がずっと楽だということを学びました。第一、朝起きた時に台所の流しに何も置いていないという状態は、すがすがしく気持ちのよいものです。いつの間にか、夜寝る前には、必ず残っている食器を全て洗う習慣ができました。

捨てられない遺品

いざ一人で家の中の様々な家事を行わねばならないようになると、最初にぶつかる障害は、家の中のどこに何が片付けられているかを理解することです。

台所のどの引き出しに、どのような調味料があるのか、冷蔵庫の中の整理はどのようなルールで行われているのか、掃除機の定位置はどこかなどなど、本当にいろいろなことが分かりません。最初の頃は、探し物をするのにとてつもない時間を必要としました。掃除機は思い切って新しく買いましたが、あちらこちらから昔使っていた型の異なる掃除機が出てきたりします。調味料も同じです。スーパーで、美味《おい》しそうな調味料だなと思って求めてきて料理をしますが、しばらくして台所の状況が徐々に分かってくると、同じ調味料が引き出しの中にいくつも整然と片付けられていたりするのを見つけ出します。

そこで、何か必要なものがあったら、よほど緊急で手に入れなければならないもの以外は、絶対に買わないでまず家の中をくまなく探索すべきだということを学びました。

我慢できることもたくさんありますが、食事関係、洗濯関係それに下着やスーツやワイシャツなど毎日出かけるたびに必ず必要なものは、私なりにわかるように整理し直すしかありません。そのためには、一旦どこかに退避するスペースが必要です。まず妻が片付けていたもので、多分私が使わないだろうものを捨ててスペースを作らねばなりません。

実はこれが大変な作業です。どんなにつまらなく見えるものでも、眺めるとそこに妻の思い出が湧き上がってきます。デパートのきれいな包み紙やたくさんのきれいな紐などが、引き出し一杯に入っています。何かの折に使おうと大切に保存していたのだなと考えると、私が使うことがないだろうとは思いますが、もう捨てることはできません。ということはその引き出しを空けることができないということで、新たな片付けが止まってしまいます。

一旦別の袋に入れて床に置き、その数がたまってきますとテレビでよく見る高齢者のゴミ屋敷のようです。このようにしてゴミ屋敷が生まれるのだろうなということが、実感としてわかりますすし、それだけはしてはいけない！　と理性が働きます。

そこで、私が一人で生活する上で、最低限必要なものは何かを考えて、思い切って使いかけのものでも一旦捨てるということを行い始めました。妻はある意味できちっと全てを片付けていましたが、少しのスペースでも空いているとそこにものを片付けるというスタイルで、どこに何があるかは鮮明に理解していました。必要なときに、あれが欲しい、これが欲しいと言えば、どこからともなく取り出してくれたものです。でもそれは妻の頭の中にある情報に基づくもので、居なくなった今では聞くことができず、どこにあるのか私には分かりません。一つ一つ順番に引き出しを開けながら、私なりの理解をしていくしかありません。

一周忌の法要ということはそれなりにとても大切な区切りです。一年経ちますと、春夏秋冬と四季それぞれで必要なものが何かを私自身で経験することができます。寒い日に、マフラーを探して大騒ぎをしましたが、今では、冬物はここにと自分なりで整理がつくようになりました。まだまだ片付けねばならないことはたくさんありますが、一応一年間を通じて、使うものがわかった今では、これから新しく私なりの整理整頓に切り替えていけそうです。

緩和ケア病棟に入院するまで、妻は最後の力を振り絞って家の中を整理していました。銀行の通帳などは、印鑑とキャッシュカードと共に一つ一つポーチに入れ、自分のもののみならず私の生命保険証書や自動車の保険証なども一箇所にまとめて片付けてくれていました。また私の洋服やワイシャツも半袖、長袖ごとに、整理ダンスの引き出しに整理して入れてありました。色々と探し物をすると、冬のマフラーも、セーターも、コートも、同じようにきちっと整理されていました。ただ一番の問題は、どこに何を入れているかを私に伝えてくれていなかったことでした。そのために、せっかく綺麗に片付けられているにもかかわらず、何かを探す度に私がひっくり返し、乱雑に入れ直すものですから、結局は混乱したままになってしまいました。

病室からは、結構たくさんの遺品を持ち帰ってきました。ほとんどの品物は、お友達から頂いたお見舞いの品々と妻が最後まで使っていたものです。和室にとにかく収めましたが、私自身の冬から春にかけての服を探したりしているうちに、和室は完全にウオークインクローゼットとなってしまいました。一年半を経た今も基本的には、同じ状態です。少しずつ片付けているつもりですが、和室が以前のような状態に戻ることはなさそうです。

いつまでも使うことのない妻の遺品を残しておく訳にはいきません。私自身の毎日の生活に必要なものをきちっと整理する必要があります。家の中で着るもの、夏、冬それぞれのスーツ、ネクタイ、下着や靴下などが毎日使うもので、さっと出るようにしないといけません。その為には、とにかく妻の遺品を整理して必要なものと不要なものに分け、捨てるものは全て捨てて場所を作るしかありません。しかし、使っていたコンタクトレンズとそのケア用品、化粧品、靴、洋服など、いざ捨てようとして作業を始めましたが、それぞれになにがしかの思い出が浮かび上がってきて、捨てることができませんでした。

とにかく家を片付けて、私が独りで生活できるようにと、現在勤めています大島眼科病院の松井孝明院長と美由樹先生ご夫妻と、私が大学に勤めていた時に大変お世話になったからと言って、溝端さんが、本当に親身になって心配してくださいました。

美由樹先生と溝端さんが中心になって、「これはいらないでしょう。先生が使うことはありませんから」とかなり強引に捨ててくださいました。そのおかげで、ものが積み重なって足の踏み場もなかった納戸は床が見えるまでに空いてきましたし、幾つかの整理ダンスの引き出しも空になりました。このように空きスペースを作ることで、新しく私なりのルールでものを片付け始めることができました。納戸には、キッチンペーパー、ティッシュペーパー、掃除用小物、洗濯用洗剤、缶詰、ミネラルウオーターなどを品物ごとに分類して、棚に並べてみました。このおかげで、何かが必要になればまず納戸に行けば良いようになりました。

下着や靴下、それにワイシャツなども、空いた整理ダンスの引き出しに収めました。このようにして、少なくとも私が自分で自分の身の回りだけは最低限探し回らなくても良いように片付けました。溝端さんが毎週末のように来てくださって、取捨選択して思い切って捨ててくださったおかげです。もし私が一人で作業していたら、いつまでも妻の思い出に耽り、思い切って捨てることができず、色々な物が居間にまで侵入してきていたことでしょう。

遺品の整理は、残された者だけでは決してできません。他の方にはどんなにつまらなく見えても、残された者にとっては、先立った者の思い出が詰まった物です。第三者の立場で、本当に必要な物か、残された時間で多分使うことが無いと思う物を、判断していただくことが必要だなと感じました。その意味でも、お二人の助けはとても有難いものでした。遺品の整理は、第三者の判断と助けがどうしても必要だと強く感じました。

ただ税理士の先生から、相続の手続きのために必要かもしれませんとのことで、本当は捨てても良いかもしれない手紙やハガキなどは捨てられませんでした。ですが、その手続きも終わりましたので、いよいよこれから思い切って捨てていかねばなりません。古い年賀状なども妻は大切に年ごとにまとめて保存していました。私自身の断捨離のためにもそろそろこれらの破棄を考える時期がやってきたと感じています。

一年半も経ちますと、何が必要で何が不要か少しずつ分かってきました。**思い出の遺品そのものには特に価値がない**ことが分かってきました。私自身の心の中では、妻はいつまでも生き続けているのですから、少なくとも私が元気な間は、物がなくなっても構わないのだとやっと悟り始めました。

独りきりの生活リズム

私は一度家庭を持ち、その後離婚しました。五十歳手前でしたが、その時一人暮らしを経験しています。ただ、当時は現職の医学部眼科学教室の教授として忙しく、毎朝大学に出かけ、夜遅く帰宅するという生活でした。週末も全国どこかで講演を依頼されたり、学会に出席のために出かけていました。また、２ＤＫの官舎に住んでいましたが、掃除と洗濯をしてくださる方がおられ、週に二回ほど家に来ていただきそれなりに清潔にしていただいていました。何よりも、仕事があり、毎日きちっとした服装で一定の時間に出かけねばならなかったわけです。

しかし古希を迎え、定年後で定時的に働かない状態で、妻が先に逝き一人になると、家事という仕事が大きくのしかかってきます。また年齢を重ねていることも大きな理由でしょうが、愛している者がいない家での生活は精神的に、とても暗いものとなります。

下手をすると一日中パジャマでぼーっとして、妻との楽しかった日々を懐かしく思い出したり、最後の日々でもっと何かしてやれなかったものかと後悔したりで、家から一歩も出ずに生活する日も数え切れないほどでした。このような状況では、とにかく生活のリズムを作り上げることが大切だとは自分では思うのですが、心も体も動きはしません。

そんなある日、以前から月に一度診療に出かけている福岡市の大島眼科病院の松井院長から、毎週診療に来てくださいと連絡をいただきました。そのため、週に一度は、髭《ひげ》を剃《そ》り、頭を整え、ワイシャツを着てネクタイを締めて、新幹線に乗って福岡市に出かけることになりました。院長先生ご夫妻のご算段で、私をとにかく最低週に一度家から出そうと、そういうことのようでした。

とても有難いことでした。きちっとした服装になり病院で白衣を着ると、目の前の患者さんの訴えや所見に頭も心も集中し、不思議と、他のことが頭や心に入る余地がなくなります。この松井先生ご夫妻の温かいご配慮のおかげで、私はまず週単位の生活リズムを作ることができました。

次に問題になるのは、一日のリズムです。

夜遅くまでテレビを見るともなく見ていても、誰も「いつまで見てるの！　早く寝なさい！」と言ってくれません。朝も遅くまで寝ていても「早く起きなさい！」と誰も言わないのです。つまりどんな生活パターンをしても、誰にも何も言われず他動的に律されることはありません。よほど自分がしっかりして自律的に行動するしかないのです。

一周忌までの一年は、毎朝必ず私の書斎として求めた隣の家に行き、少なくともそこで午前中は、物思いに耽ったり本を読んだりしていました。しかし、寒くなってくると移動することが億劫になり、ついテレビの前でずっと過ごすことになり、だらだらした一日になってきてしまいました。少し暖かくなってきたら、また毎朝隣の家に移って、しゃんとした生活を送れるようにせねばと思っています。

一年かけて、妻の追悼集を制作しましたが、この作業がかなりの時間を取り、一周忌に間に合わせねばという締め切りがあったものですから、一つの日中のリズムを作ってくれました。それでも、朝起きて「さあ今日はこれをしよう」とエンジンがかかるようになるまでには、やはり一年以上の年月が必要でした。

一周忌が終わり、やっと一人で生きていく覚悟ができてきたようです。


このように、週単位でそして日単位で生活のリズムを作ることがとても大切だと認識しました。ただ退職後、毎日定時に出かけなければならないわけではない年齢で一人になると、この生活のリズムを作ることがとても難しいことだとわかりました。若い頃から、ゴルフだとか囲碁・将棋だとかに出かけるような趣味を持っておられる方は楽かもしれません。仕事しかしなかった私には、そのような趣味もないため出かける必要がなく、つい家の中で一日過ごしてしまいます。リズムを作ることは、なかなか自分ではできませんが、講演や診療などを依頼されたりしたら、積極的に家の外に出て行くようにすることでリズムが生まれますし、何よりも社会との接触が心を癒してもくれます。幸い日本アイバンク協会の仕事で、全国各地で献眼を呼びかける講習会などでの講師をしています。とにかく家を出て、全国各地に旅する機会があること。これは一つの幸せです。

2——炊事

生きるために

配偶者を亡くすということは、人生では最も大きなストレスだそうです。

私もかなりまいりました。三ヶ月ほどの間、食欲もなくなり、毎日ただぼーっと生きているだけでした。あれほどダイエットが出来なかったのに、八キロも体重が減りました。

そのため最初は、生きるために何かを食べねばならない、というところから食事を作り始めました。空腹を満たすためだけの言わば栄養補給です。もっとも、妻を亡くした悲しみはとても重くのしかかっていましたから、食事が美味しいかどうかというのは、たいした問題ではありません。とにかく空腹が抑えられれば良いという感じでした。

そのような生活をしばらくしていましたが、四十九日を過ぎる頃から、いつまでもこのような食生活ではいけないと考え始めます。いつまでも悲しんでいるわけにはいかないですし、仕事やまだ少し残っている私自身の医学者や眼科医としての使命を果たすためにも、ちゃんとした食事をとる必要があると考え始めました。

朝食は簡単に済ますとしても、昼食と夕食をどうするかということが、最初の大きな課題でした。**贅沢でなくて良い、自分で楽しめるような料理を作ってみよう**、という気持ちが湧き上がってきました。私の家の近くには簡単に食べに出かけられる定食屋はありませんから、コンビニでお弁当を買わないとしますと自分で調理するか、スーパーやデパートの地下でのお惣菜を買ってくるかしか方法はないのです。

食材を探す

自分で様々な食料品や日用品を求めるようになりました。一週間に一度か二度、近くのスーパーに出かけ、野菜と魚やお肉を求めることにしました。妻の買い物に付き合いスーパーに出かけカートを後ろから押して歩くことはありましたが、生野菜や肉や魚を自分で選んで買ったことはありませんでした。

いざスーパーに出かけて、まず最初に戸惑ったのは、肉にしても、魚にしても、いろいろな種類があるということです。牛肉、豚肉、鶏肉の区別やひき肉についてぐらいはわかっていましたが、一体何を買えば良いのかが最初の戸惑いでした。ステーキ用、焼き肉用、生姜焼き用やカレー・シチュウ用などと調理法ごとに区別されています。さらに牛肉や鶏肉では、部位別に売られています。鶏肉のモモが美味しいのか、ムネ肉が美味しいのかあるいはササミが良いのか全くわかりません。何回かの失敗の後、今では調理法ごとに適当な部位があることがよくわかってきました。

魚も同じです。居酒屋では、魚の種類とそれに一番ふさわしい調理法がメニューとして示されていますので、適当に焼き魚であったり、煮魚であったりを選ぶだけです。しかし自分でスーパーで魚を買うときには、どの種類の魚が旬で、その魚は塩焼きにするのか煮魚にするのかという知恵がありません。妻が作ってくれていた今までの様々な料理を思い出しながら、購入するしかありませんでした。

ある日、エビを食べたくなり、ちょうどベトナム産のむきエビがありましたので、これは便利と求めてきました。香辛料をたっぷりかけてバターで焼きました。自分としては、とても美味しくいただけましたが、この話を美由樹先生にしますと、「エビは殻の部分に旨《うま》みがあるので、調理は殻付きのエビで行い、食べる直前に殻をむくものですよ」と教えられました。でも、一人で調理して、出来上がるやいなや口に運ぶ生活をしていますと、食卓で殻をむくのが億劫で、ついむきエビを求めてしまいます。エビも蟹も、妻は全て身だけにして、ただ口に運べば良いように準備してくれていました。甘やかされていたことがよく理解できました。

私ができる調理方法は限られており、どうしてもメニューは限られます。週に一度は、診察のために福岡市に出かけますので、材料とともに自分ではまだできない油もの（とんかつやコロッケなど）や沢山の種類の野菜が入っているサラダなどのデパ地下でのお惣菜を買うことは心の中で許しました。ただ、一人前の野菜を求めるということができません。せいぜいキャベツ半個か大根半分が最小単位です。色々な食材が少しずつ入った料理というのを作ろうとすると、多種類の野菜が必要ですが、ほとんどが余ってしまい腐らせてしまいます。その為にどうしても、一種類の野菜を沢山に一度に食べるというスタイルになります。最近は、野菜を冷蔵庫の野菜室にどのように保管すれば良いのかが少し分かってきたのですが。

✦買い物と値段

テレビなどのニュースで、野菜の値段が高騰している、と報道されているのを見たことはありました。いつも九十九円のものが、最近は百四十九円だとか報道されていましたが、この意味を理解していませんでした。妻もよく、「最近は大根が高いのよね」と言っていましたが、十円二十円の差じゃないか、と内心思っていました。

でも自分で週に二回ないし三回買い物に出かけると、この差が大変大きなものだということが実感として分かるようになってきます。男というのは、趣味の品物の値段にはとても敏感なものです。例えば、私はカメラや電気製品の値段には敏感で、どのクラスのカメラならいくら位、と大体把握していました。しかし日常生活品や掃除用具の値段の範囲が全く分かりませんでした。自分で買わねばならないようになると、ティッシュペーパーが今日は安いなとか、ミネラルウオーターなどの飲み物の値段にも敏感になってきました。逆に今までの趣味の品々の値段幅と桁が違いますので、今までいかに無駄遣いをしていたかが理解できるようになり、裏でやり繰りしていてくれただろう妻に改めて感謝するようになりました。

マヨネーズやオリーブ油などの調味料や洗剤などを買うと、最後のレジでの支払いがいつもより高くなります。食べる分だけの野菜やお肉などの食料品のみを買った時と比べると、今日は色々と買ってしまったなと反省してしまいます。でもそれらがないと調理ができないのです。このように、野菜や色々な物の値段が分かるようになってきますと、意外に高いものだと感じ始めました。遅まきながら**一円の重みを、ついに感じ始めた**とも言えます。

仕組みを完全に理解できませんが、時々「お買い物券が出ました」と言って、五百円のお買い物券がスーパーのレジで手渡されます。これが意外に楽しみになってきました。デパートの地下でお惣菜を買った時に、売り場の方から、「ポイントが今月末で無効になりますよ」と教えてもらいました。この時初めて、デパートでは、カードで買い物をするとポイントが付き、その点数分の商品を買えることを覚えました。ある時、地下の食品売り場は1％ですが、他のネクタイなどの売り場では5％とか10％のポイントが付くことが分かりました。つまり他の売り場ではクレジットカードや現金で買い物をして、地下の食料品売り場ではポイントを使って買うのがお得だということを理解しました。このことを得意になって、美由樹先生に話しますと、「今頃何を言っておられるのですか？　主婦の常識ですよ」と軽くかわされました。でもこれで、ちょっとばかり家事と家計に詳しくなったような気分になれました。

地下以外のデパートの売り場でものを買う時は、基本的に一個が単位です。ネクタイは一本、ハンカチーフも靴下も一つずつ買えます。しかし、地下の生鮮食料品売り場やスーパーでは、一パック単位で売られていることがほとんどです。お魚も、二ないし三切れで一パックですし、ニンジンなどの野菜も何本かで一パックで売られています。またキャベツや大根は、半分のものが売られています。しかしいずれにしても一人で一回に食べるには多すぎるものです。野菜などは食べすぎても健康に良いことはあっても悪くはないだろうという考えで、一回にキャベツ半個を、炒めて食べたりしました。そうするとキャベツだけでなんとなくお腹が一杯になってしまいます。とにかく一種類の野菜やお肉を使う料理ばかりになり、いろいろな料理を少量ずつという食べ方ができなくなります。

この問題は将来的には必ず解決せねばと思っています。このような食べ方をしていますと、段々と食事が単なる栄養補給のようになってきます。一種類の野菜と肉などの一種類のたんぱく質、それにご飯という組み合わせで、食事をする楽しみというより必要な栄養を補給しているだけという感じになってきているような気がします。たとえ一人で食べるにしても、バラエティに富んだ食事が必要なのだろうとは感じ始めました。そのためには時間をかけて十分な下ごしらえをする必要があります。しかし今のところそれらを用意するだけの余裕が時間的にも精神的にもありません。外で食事をする時やお惣菜を買う時には、できるだけ少しずつ多種類のものをお願いして楽しむしかありません。調理という行為は、誰かを頭に描いてその人が「美味しい」と喜んでくださることを期待して作る時には楽しみでしょう。でも調理してすぐにテーブルで一人で食べるのであれば、栄養のバランスだけ考えておけば何でも良くなってきます。

またサラダを作ろうと思っても、多種類の野菜を少しずつというわけにはいきません。そこで、いろいろな野菜を組み合わせているサラダパックというものを見つけ今のところ愛用しています。野菜を腐らして捨てなくても良いような買い方を徐々に身につけ始めました。近くのスーパーの売り場やいつも行く福岡のデパート地下の売り場をかなり把握し、どのあたりに何を置いているかも分かってきました。時間をかけて歩き回りますと、実に色々なものが並んでいます。いつも豆腐を求める豆腐屋の店員さんとは顔なじみになりました。買わずに通り過ぎようとすると、「ご主人、今日は要らないの？」と声をかけられます。

これからは、一つ一つ試していって新しい料理に挑戦しようかなと考えています。そのうちに「オトコの一人飯」などと自慢できるようになりたいなと夢見ています。

✦ クックパッドとの出会い

最初は、台所に立って調理するということにある種の新鮮さと楽しみがあり、結構張り切って作っていました。何よりも、病院で女性の先生、看護師や秘書の方と話をするたびに、どのような調味料が良いのか、出汁の作り方はなどなど、料理に関する質問ばかりをして、基本を教えてもらっていました。時には、古くからの女性の患者さんにまで、料理の仕方を尋ねたりして、助けていただきました。診察室での料理教室の方が、診療時間より長くなることもありました。

その内にクックパッドというとても便利なサイトがあることを知り、新たな料理に挑戦する時には私のバイブルとして活躍しています。ジャガイモを蒸すだけでも、いろいろな方が様々な方法を投稿されています。その中でも、自分でもできそうなやり方で挑戦して、うまくいった時は特別な気持ちになります。冷蔵庫に残っている食材を入力すると、このような料理を作ることができますよとも教えてくれるのです。人生で初めて調理に挑戦する古希を迎えたオトコが、家事を長年こなしてこられた、特に女性の皆さんの知恵をいただけるわけです。とても素晴らしいサイトです。

一方、妻は棚や引き出しに様々な調味料を求めて保存していましたし、冷凍庫にも沢山の冷凍食品がありました。冷凍されているお魚の西京漬けなどとても美味しいのですが、時には新鮮なお魚の塩焼きが欲しくもなります。ましてや一人分を作るだけですから、冷凍食品もなかなか減りません。そこで、冷凍食品とスーパーで求めた新鮮な材料の組み合わせで、毎日違う雰囲気を作るのです。

✦午後四時の憂鬱、献立決め

毎日その日の夜に何を食べるかを決めることも、かなりなストレスです。

妻が元気な時は、夜帰宅後に出てくる料理をいつも美味しく食べていました。その日一日の大学や病院での出来事などを、台所で調理してくれている妻に話しかけながら、楽しくいただきました。それが当たり前のことだ、と居なくなるまで思っていました。今から思うと、毎日献立が変わり、前日と異なる幾つもの種類の料理が用意されていても有難いことだったのです。きっと妻は毎日その日の献立をどうするかを一所懸命に考えてくれていたのだと思います。

いざ一人で生活をするようになりますと、献立を決めることが大変な仕事となります。

午後四時ごろになると今晩何を作って食べようかと考え始めます。献立を決めるということは簡単なことではありません。お惣菜を並べて食べたり、インスタントラーメンを作って食べるのでしたら誰にでもできます。買ってきさえすれば良いのですから。様々な因子によって、その日に作ることのできる献立が決まります。今冷蔵庫の中に何が残っているか、もし必要ならスーパーに何を買いに行かねばならないかを考えなくてはなりません。

一週間家にいることはほとんどなく、診療、学会や会議などで週のうち三、四日はどこかに出かけます。したがって、沢山の材料を求めてきますと余って腐らせてしまいます。献立を決めることは、その週の私の予定とも密接に関連しているわけです。また、私自身の調理の腕が大きな制限因子となります。今のところ、炒めるのと焼くのが基本ですが、油を使ってのフライはまだできません。子供の頃、母親が天麩羅《テンプラ》を作っている時に火が移って大騒ぎした光景がトラウマとなっています。まだまだ美味しくはありませんが、最近はやっと煮物もどきのものが作れるようになりました。

つまり、献立は材料と調理方法のバラエティと食欲の因子が微妙に絡んで決まるものです。このように、献立一つ決めるのに、調理する能力、一人前だけ作れるかどうか、栄養的な観点などを考えねばなりません。実にいろいろな因子を考えないといけないということは結構面倒くさいものですが、また楽しみでもあります。

主治医から、さらに痩せるようにと言われていますので、原則として一日に一度しかお米は食べないということにしました。徐々に調理方法のレパートリーも増えてはきていますが、まだまだ少なく、同じような調理法になります。したがって、献立を考えるための因子は、主たるものをお魚にするか、牛肉か豚肉かチキンかを決めることと付け合わせの野菜とサラダを決めることです。必ず果物も一つ二つ取るようにしました。しかしこれでは、毎日タンパク源が異なるだけで、同じような献立になってしまいます。テレビの料理番組をできるだけ見るようにし、「え！　そんな料理法があるの？」と思いながら、簡単にできる調理方法を学んで少しでも献立のレパートリーを増やそうとしています。

いつも一人で調理して一人で食べていると、食卓に美味しそうに料理を並べてゆっくり食べるということがなくなります。台所で作っては、出来上がったものから口にしていくようになりますし、食卓もお皿を並べる小さな場所だけをきれいにしていただくことになります。いつの日か友人を招いて、今はいつも一人で食べている食卓に私の調理した料理を花などと一緒に並べ、昔妻と一緒に話をしながら食べていたように皆で賑やかに食事ができるぐらいに料理の腕を上げることができたらなと夢見ています。

調理器具の選択

さて、いざ台所に立ちますと、どのような道具を使って調理するか考えなければなりません。さらにその前に、台所のどこに何があるのかを把握しなければなりません。基本のまな板と包丁のありかはすぐにわかりました。しかし、「こんなに色々な種類の包丁が必要なの？」と自問するほど様々な包丁があります。正直なところ、今までにその中の一つの包丁しか使っていません。逆に、果物などの皮をむく小さなナイフが見つかりませんでした。これは新しく求めました。

同じことが、お鍋やフライパンにも言えます。お鍋ってこれほどの種類があるのだと改めて感心するだけです。妻がこれらの全てのお鍋やフライパンを使っていたとは思えませんが、多分テレビショッピングで次から次へと求めたのではと勝手な想像をしてしまいます。

お鍋については、少し浅いお鍋と、うどんなどの麺類をゆがく小さいけれども深いもの、そしてフライパンがこの一年余りの間基本的に毎日使ってきたものです。この二つのお鍋とフライパンで、ほとんどの料理を毎日作っています。

つまりこれらが基本的なものだということがわかったわけです。

ある時、納戸に行くと深い大きなお鍋がありました。後でスパゲッティをゆがこうとした時に、このお鍋が必要だということがわかりました。捨てなくて良かったと思います。でも、スパゲッティを食べるのは月に一度か二度です。どうしても食べたい時には、幸い自宅の近くに、懇意にしているとても美味しいイタリアンレストランがあり、そこへ出かけることにしていますので、それほど家で調理することはありません。でもニンニクと赤唐辛子だけのあっさりしたスパゲッティ＝ペペロンチーノなど、自分でゆがいて適当な味付けをして食べるのも美味しいものです。

その他に、時々冬に食卓で二人で鍋をつついた時に使用した電気のお鍋があります。これはしばらく使うことはないと思いますが、思い出があり捨てることができず、納戸に収納してあります。

たくさんあるということは、逆に何もないのと同じことです。

そこで、台所の片付けを兼ねて、思い切って私が多分これから使うだろう、あるいは使いこなせるだろうと思うものだけを残して、ほとんどの物は処分することにしました。片付けをして私なりに使いやすいようにするためには、まず収納できるようなスペースを確保することが必要です。これは、部屋の片付けや衣類の片付けにも共通して言えることです。空きスペースを作り、そこに自分なりに分類して、使い易いように順に収め直していくことが必要です。妻の頭の中では、きっと何処《どこ》に何があるのかははっきりとわかっていたのでしょうが、残念ながら私には理解できません。万一また必要になった時には、新たに購入しようと決心してかなり大胆に捨てました。

しかも台所は、毎日どうしても食事を作って食べるために最初に片付けねばならないところです。葛藤はありますが、私が使いそうなもののみを残して捨てました。ただ包丁類は、どのように捨てて良いのかわからず、未だに残っています。

次に問題となったのは、包丁が切れなくなったことです。切れなくなる度に新たに求めるようなものではないはず、きっとどこかに研ぐための道具があるのだろうと、台所の棚という棚を探し回り、電動の研ぎ器を見つけました。もちろん使い方はわかりませんが、なんとか考えて研いでみます。すると全く切れなくなりました。止《や》むを得ずインターネットで使い方を調べ、研ぎ直しますと見事に切れるようになるではありませんか。マニュアルを見ねばならないほど複雑な機器ではありませんが、とても嬉しくなりました。そしてこれから先、機器を使う時にはまずマニュアルを見てからにするべきだということを学びました。

その後、居間の引き出しに、家中の電気製品のマニュアルが整理されていたのを見つけました。ひょっとして私が使い方で困ることを見通していたのかと、またまたここで感激いたしました。

電子レンジとオーブントースター

この一年、台所で毎日大活躍してくれているのは、電子レンジとオーブントースターです。

様々なものを温めるのに、電子レンジは必須の道具です。実は、私はご飯を炊くことはほとんどしません。理由は幾つかありますが、まずお米を研ぐことが面倒なこと、炊飯器で一人分を炊いても美味しくないこと、ご飯が美味しく炊けるとついお代わりをして食べ過ぎること、残して冷凍する技術をまだ完全に把握していないことなどです。幸いスーパーには、一食分のご飯が売られており、電子レンジで温めると二分以内に出来上がり、それが結構美味しいことを発見し、もっぱら愛用しています。

日本人だからでしょうか、ご飯の欠点は、美味しすぎることです。梅干し、昆布の佃煮や辛子明太子などの「ご飯の供」があれば、それだけで一膳でも二膳でもとても美味しくいただけます。つい食べすぎて栄養的に偏ってしまいます。しかもお腹がいっぱいになり、ご飯だけで満足してしまいます。糖尿病で主治医からの糖質を取りすぎないようにという注意がなければ、白いご飯だけで十分な夕食になるのです。それほど、ご飯というのは美味しいものです。勿論パンも美味しいのですが、ご飯をいただいた時のような満足感は得られません。従って、自炊している時の最大の注意点はご飯だと思います。

妻が用意してくれていた時には、「今晩はご飯と梅干しだけです」というような日は一日もありませんでした。いつも何かのおかずが用意されていましたが、本当に一人で食べると、特に疲れている日など調理するのが億劫ですが、その時に白いご飯と梅干しという夕食（？）の誘惑は絶大です。一人分ずつパックされているご飯を電子レンジで温めて食べるのは、量がコントロールできるという点でも素晴らしいものだと思います。

電子レンジを使う時、ラップをかけるかどうかも判断できるようになりました。チャーハンや揚げ物などのように、パラッとさせたいものは、何もかけずに電子レンジに入れれば良い。一方、カレーや汁物などを温める時や、シュウマイを温める時には、ラップをすることが必須です。軽く濡《ぬ》らしたキッチンペーパーで覆っておくとちょうどよく蒸せるという技術も身につけました。

電器屋さんに出かけると、電子レンジのコーナーでは、ただ温めるだけでは無く、焼いたり色々な調理ができると宣伝しています。しかし、私が今使っているのは、スタートのボタンと時間のボタンだけです。それ以外に色々なボタンがあります。温める道具としてだけしか、私は使っていないのです。勿体ないことです。もう少し料理の腕をあげたら、ぜひマニュアルをしっかり読んで様々な電子レンジの機能を使いこなせるようになりたいと思ってはいますが、なかなかそこまで到達しません。

一方、オーブントースターは、構造が簡単ですぐに使えるようになりました。最初はパンを焼くだけでしたが、ある時、弟子の一人が、家でお餅をついたからといって送ってきてくれました。直火の無いＩＨでは、どのように焼いたら良いのかわかりません。そこで、オーブントースターで焼くことに挑戦しました。外から見ていると昔火鉢で母親が焼いてくれていた時のようにぷくっと膨れてきて表面がこんがりときつね色になってきます。何だか楽しい気分になります。分解して、掃除する術《すべ》も覚えました。単純な構造のオーブントースターは、扱いやすく楽しいものです。

妻とともにスーパーへ買い物に行くことはよくしていました。当時は生鮮食料品を求めるためでしたが、最近では、台所用品や掃除用品を並べているコーナーを探索しています。一つの発見は、フライパン用ホイルです。普通のアルミホイルと異なり、表面にコーティングがされているようで、焼き物などの時にとても重宝します。これがとても優れもので、フライパンでも普通のオーブントースターでも、魚を焼くことができます。何よりも料理が終われば、丸めてぽいと捨てれば良いのですから、後始末という観点からは満点です。

フライパン用ホイルはオーブントースターで大活躍ですが、それ以外でも例えば、フライパンで生姜焼きを作る時なども下に引いておきます。一番のメリットはフライパンが汚れないことです。洗い物が簡単になるのです。これは、とても大事なことです。美味しく食事をいただいた後、妻がいた時にはそのままぼーっとしていても良かったのですが、一人となるとすぐに洗い物を片付けねばなりません。一つでも洗うものが減るということは今の私にとってとても大事なことです。

余談になりますが、このフライパン用ホイルを使って、とても美味しくステーキを焼くことができるようになりました。少し厚めのお肉を求めてきて、フライパンで全ての面をさっと焼き、フライパン用ホイルに包んでオーブントースターで焼きますと、中までピンク色にほんのりと火が通った柔らかいステーキが出来上がりました。これは、いつも御世話になっている福岡の理髪店の岡田さんから教えてもらいました。

こうして一つ一つ妻が使っていなかったものを見つけたり、新しい調理法を見つけては、「どうだ?」と心の中で妻に自慢しているのです。

✦百八円の魅力

今までも文房具の小物などを「百均」で見つけて求めることは好きでした。ただ、安いけれどすぐに壊れるものというイメージがありましたし、台所用品や掃除用の小物などのコーナーをうろうろしたことはありませんでした。ですが、流しの口にナイロンメッシュの網をかけておくと掃除がとても楽になることを友人の奥様に教えていただき「百均」で求めました。これには感激しました。細かいゴミや生ゴミも引っかかり、毎日取り替えて丸めてポイと生ゴミとして捨てれば良いのです。しかも四十枚入ったパックが百八円です。何かとてもありがたいことを教えていただけたと感激しています。

それ以来、時々近くの「百均」に出かけて、置いてある商品を見て回るようになりました。部屋の中の書類を片付けるための簡単なトレーやファイルなど、何でも百八円という魅力は素晴らしいものです。

「百均」を探索してみますと、実に様々なアイディア商品が並んでいるのです。卵焼きをひっくり返す道具、流しのネットや洗い物用のスポンジなどなど、店内を回っているととても楽しく、昔子供のころ駄菓子屋を探索して色々と求めていた時のようなワクワク感がありますます。安いと思ってつい色々買ってしまい、とても重宝してまた買うものもありますが、一回使ったきりで捨ててしまうものもあります。今は試行錯誤の段階です。最近、炊いたご飯を一食分入れて冷凍するシリコンのケースを求めました。これからこのケースを活用して、いよいよ自分でご飯を炊くことに挑戦しようかなと考えています。

ちょうど、スーパーの隣に「百均」がありますので、野菜などを買いに出かけたついでに、つい寄ってしまいます。結構楽しいものですが、ただ、種類が多すぎ、福岡市の大きな「百均」の店に出かけた時などは、どこに何があるのかわからずただ歩き回っただけでした。その意味では、何が必要か、どのコーナーに何が置いてあるのかを事前に探索して把握する必要がありそうです。

やんちゃ坊主の楽しみの場所です。

料理は研究や手術と同じ

たとえ週に二、三回であっても、自分で調理して食事をとるようになりますと、料理を作ることの楽しさが段々と生まれてきます。しかし遅い時間に疲れて帰宅した時などは、料理を作る元気はありません。そんな時、元気を出すためには、大好きな辛いレトルトのカレーが最高です。いろいろなブランドを試して、味が気に入ったものが見つかりましたので、忙しい日にはサラダとカレーで済ませてしまいます。

しかし、昼から予定がなく、献立を考え、材料を求めにスーパーに出かけることができた日などは、夕方から張り切って料理に挑戦しています。今までは、ずっと誰かが作ってくれたものをただ食べるだけで、美味しいとか味が薄いとか批評をするだけでした。しかし実際に料理を作り始めますと、これがとても楽しいものだということを発見しました。どのような料理を作るのか献立を考える段階、必要な材料を買い求める段階、切ったり皮をむいたりと下ごしらえをする段階、焼くのか、炒めるのか、蒸すのかを考えて調理する段階、どのような調味料を加えるのかを考える段階、そして出来上がってどの食器にどのように盛るのかの段階と、様々な要素を考えていく必要があります。まだ一年少しの経験ですし、私一人で頂くだけで人様に差し上げる訳ではないので、これらの段階のうち幾つかは手を抜いていますし、まだまだできないこともたくさんありますが、一つ一つ進歩させてそのうち私なりの一人賄いの極意を完成させようと思っています。生の魚や肉、土の付いている野菜が、調理することにより、美味しくいただける料理に変身していく過程を経験するのは実に楽しいものです。

私は、医学部を卒業して眼科医としての研修を受ける前に九年間ほど生化学という分野で大学院生や助手として研究していました。料理をするということと、生化学の研究や実験をするということにいくつもの共通点を感じます。

まだ訓練を受けていた若い頃は、研究テーマを決めること、つまり料理でいう献立を決めることは、指導者の先生がされ、与えられた研究テーマに対してどのように実験を組み立てて証明していくかという点も指導を受けました。その指導に基づき、実際に手を動かして実験を行うのが私の仕事でした。ところがこの段階でも色々と学ばねばならないことが沢山ありました。一番大切なことは、段取りで、何かの反応を観察するためには、試薬を入れる順序が大切です。それを間違えると、全く反応が起こらず、一から全てやり直さねばなりません。

料理でも全く同じです。昔から言われているように、調味料を入れる順番は、「さしすせそ」です。知識として知ってはいましたが、その意味がわかったのは実際に自分で調理をするようになってからです。順序を間違えると、味が染み込まないのです。

フライパンでチキンを焼くときでも、熱を加えないでオリーブ油を入れ、皮側を下にして載せて、それから強火にし、焦げ目が付いたらひっくり返して中火から弱火で蓋をして火を通すと美味しく出来上がります。何でもかんでも思い切り熱したフライパンに材料を載せれば良いというものではないようですし、蓋をするかしないかで仕上がりが変わることも学びました。

調理時間も大切です。焦がしたり、生のままだったりという失敗を繰り返しているうちに、台所には、何故キッチンタイマーがあるのかが理解できました。最近では、一つの動作をすると自分なりに決めた時間をキッチンタイマーでセットして、他の作業を行います。そうすると、他の作業に夢中になって焦がすということがなくなりました。

段取りと順序というのは、実に実験のプロトコールと同じだと感じるようになってきますと、調理することがとても楽しくなってきました。もう自分では、実験をすることはありませんが、何か若かった時を思い出すようで楽しくてしようがありません。

台所の片隅に、小さな料理用の秤《はかり》がありました。

妻が何かを量っていた記憶はありませんでしたので、どのような時に使うのかなと内心疑問に思っていました。魚にしても肉にしても、一人で食べるなら重さを量ってどうこうするということはありません。醤油や酢のような液体の場合は、大さじ何杯と書かれていますから、これは量ります。それ以外のものの重さを量る必要はと、考え込んでしまいました。しかし色々なものを適量入れるためには、重さを知ることは大切だと何回か失敗して気付きました。そこで、秤を取り出して、重さを量るようにしました。そうするとそのうちに適当にとったものがどの程度の重さかがわかるようになってきます。いちいち秤を取り出さなくても、だいたい正確な量を取り出し、入れることが出来るようになってきます。つまり、物差しを用いて、自分の行動を常に計測して訓練していると、そのうちに体や手が覚え、もはや物差しがなくてもほぼ正確に行うことが出来るようになるものです。

これも手術と同じです。若い頃は切開する前にゲージで長さを測り、色素で印をつけてその部分だけ切るように訓練を受けました。そのうち感覚的に長さを覚え、ゲージ無しで切開してもほぼ正確に切れるようになります。新しい手術法が出て、長さが変わると、またゲージを取り出してしばらく測った長さだけを切るようにして覚える、ということの繰り返しでした。客観的な物差しを置いて、その物差しに合わせて行動しながら、徐々に物差しが必要でなくなるという一つの成長の過程です。

妻はその段階を既に終えていたので、私には「量ったりしないのよ。適当に入れれば間違いなく美味しく出来上がるのよ」と嘯《うそぶ》いていましたが、多分昔むかし初めて料理をしていた頃は妻といえども量っていたのではと考えてしまいます。

先ほども述べましたように、研究テーマやプロトコールは最初は指導者の先生からいただきます。ちょうど料理で言えば、クックパッドやテレビの料理教室のようなものです。でも指導者の先生に叱られながらも、信頼していただけるような結果を出すようになりますと、徐々に自分で考えてごらんと言われます。さらに自分が若い人たちを指導するようになりますと、それぞれの若い人たちの好み、興味や性格などからどのようなテーマが良いのかを判断して与えねばなりません。このような過程を踏んで、それなりに成長してきましたので、今献立が決められなくても、美味しく作ることができなくても、そのうち友人を招いて私の作った料理でおもてなしできるようになるさという希望は湧いてきます。つまり自分が焦がした焼き魚を食べながらも、料理作りに絶望せず「そのうちなんとかなるだろう」と楽観的に考えられるのは、私の性格によるものかもしれませんが、大学院生時代の研究のおかげでもあると思います。まさか研究に没頭することが、自炊をする時に役立つなどとは五十年近く前には夢にも思いませんでした。

人生というのは、何も無駄はない。

特に若い時には自分が何のために何をしているのかが十分に理解できなくても、歳をとって世界を見る目が変わったり、立場が変わった時に思わず役に立つのかなと思います。

妻が残している沢山の調理器具、電気製品、台所用品、それに調味料を今の私は完全に使いこなしていないことは分かります。でも料理を作ることの楽しさが分かり始めましたから、これから少しずつレパートリーを増やして、一つでも二つでも使いこなしていきたいなと考えています。

出汁と味付け

料理を作る上での、もう一つの楽しみは味付けです。ただ食べるだけだった時には分かりませんでしたが、塩、胡椒などという味付けの基本に加え大切なものが、出汁だということを学びました。出汁というのは、吸い物を作るときだけに必要なものだとばかり思っていました。しかし、ほとんどの料理の基本が出汁の良し悪しで決まるということが分かりました。本当は、昆布と鰹節《かつおぶし》を用いて、一から出汁をとるのが一番良いのだとは分かります。しかし一人分を作るのに、これは大変な作業です。うどんだけで簡単に済まそうと思っても、出汁が必要です。うどんやそばの場合は、つゆがプラスチックのケースに入ったものが売られていますが、食べてみるとそれ程美味しいとは感じません。うどん一つを作るにしても、出汁を工夫せねばと感じました。

台所の戸棚や冷蔵庫を探しますと、妻が購入していた幾つかの出汁が見つかります。液体のものと粉状あるいは固形のものです。それぞれをどのように使い分けるのかは妻の最後の特訓科目にはありませんでした。使い方が小さな字で書かれているところをよく読み、適当に水で薄めたりして出汁を作りました。しかし、味が薄すぎたりあるいは塩味が強すぎたりで、出汁には違いありませんが、今一つ美味しいとは思いませんでした。昆布や鰹節を用いて本格的な出汁をとるのは、まだまだ将来の課題としても、毎日の料理で簡便に一人前の出汁を試そうとしました。

ここで大切なことは、経験豊かな人に師匠として教えを請うことです。職場で、女性の先生や看護師さんをつかまえては、

「ねーねー、出汁はどのようにして作ってるの?」

と質問魔になります。それぞれの方がご自分の調理の仕方を教えてくださいましたが、その中で茅乃舎のアゴだしが美味しいことを教えてもらいました。インターネットで調べると、博多駅に店があるようです。早速福岡に診療で出かけた帰りに、立ち寄りました。色々な種類の出汁の素が並んでおり、どれを求めて良いのか悩みましたが、高血圧という持病を抱えていることも考え、53%減塩というアゴだしを求めました。使用説明書をよく

読み、ティーバッグのようなものに入っている出汁の素を水に入れ、強火で数分沸騰させると出来上がりです。最初は律儀に使用説明書通りの量の水と出汁の素を用いていましたが、少し濃い味が欲しい時は二個使う方が美味しいと分かりました。そのことを教えてくださった先生に自慢たらしくお話ししますと、ティーバッグを破って中身だけを入れても良いのですよと教えられました。

また、こうして用意した出汁が出発点で、料理の種類に応じて、お醤油、みりん、日本酒などを適当に加えることにより味が変わってきて美味しくなることも教えていただきました。メーカーの使用説明書を基本にして、まず基本をマスターしたら、いろいろとバリエーションを作っていけば良いのだということが分かり、今どのように展開するかを模索中です。

そのうち、この料理にはこの味というのが分かるようになりたいものです。

ある日、和風から離れてキャベツやニンジンなどの野菜をたくさん入れたポトフを作りたくなりました。ここで次の問題が出てきました。アゴだしでは全く美味しくないのです。探すと、コンソメの素という固形のものがありました。これを使ってみましたが、スープとしてそれなりに美味しいのかもしれませんが、野菜などを入れると味は今一つです。洋風の味付けにお醤油というわけにはいかないだろうことは分かりますが、何を加えれば良いのかが分かりません。テレビの料理教室では、数種類の野菜をコトコト煮詰めて野菜のスープを作りそれをベースにすると言っていますが、一人用を作るのに、そんなに時間をかけて下ごしらえをする気にはなりません。

後日、追加のアゴだしを買いに出かけて売り場を散策していますと、野菜だしというのが置いてありました。丁度売り場の方が試食をどうぞと言ってくださったのでいただきますとこれが頭の中に残っていたポトフの味でした。これでやっと洋風の出汁が手に入り、料理のレパートリーが少しだけ広がりました。

食後の関門、洗い物

料理を作ることは、それなりにある種の創作意欲を掻き立てられます。料理を自分で作り、誰にご馳走するわけではありませんが、自分が納得して美味しくいただけるということは素晴らしいことです。ただここで一つ、満腹した後の大きな関門があります。それは、食後の食器と調理に用いたお鍋などの洗い物です。

妻は、優秀な料理人は、食事ができた時には、野菜のゴミや包丁などをきれいに整理して、台所をきれいにしておくものよ、とよく言っていました。この言葉を思い出し、野菜を切ったらすぐにそのゴミを捨て、まな板と包丁を洗っておくようにしました。またその方が、次の下ごしらえの時にきれいなものを使えるので、気持ち良いものです。

問題は食後です。自分なりに「今日は美味しくできたな」という達成感や満足感、満腹感とで、食後というのはゆっくりしたいものです。妻が元気な時には、「食後のコーヒーをお願い！」などと言って、のんびりと食卓に座ったままでした。しかし、今は自分でコーヒーを淹れねばなりませんし、何よりも使った食器の洗い物が待っています。

立ち上がって、使った食器を流しに運ぶということから始まります。本当は妻が元気な時から、使った食器を台所の流しに運ぶということを当たり前のこととして行うべきだったのでしょう。ここでも甘やかされていました。初めのうちは、流しに置いて水を流しただけで、後で洗剤で洗おうという気持ちでいました。しかし、汚れが乾燥するとこすり洗いに余分な時間がかかることが徐々にわかってきます。流しに運んで、そのまますぐに洗い出すと、かえって楽だということを学びます。第一、流しにいつまでも汚れた食器を置いておかないということが、気持ちの良いものだということに気がつきました。

そういえば妻は、出かける前に、「ちょっと待って。洗い物を片付けますから」とよく言っていました。私は直ぐに出かける気ですから、「そんなの帰ってきてからしたら良いじゃない？　早く出かけようよ」といつも言っていました。帰宅した時に流しに何もなく、すっきりしていることが気持ちの良いものだということを妻は知っていたのでしょう。

一人になった寂しさと虚しさから、しばらくは行動が極めて鈍いものでしたが、遅れれば遅れるほどかえって仕事はきつくなります。さっさと片付けることを身につけるのに、一年以上かかりました。

さて実際に洗い始めると、それはそれで色々な疑問が湧いてきます。

食器用の洗剤で柔らかいスポンジを使って洗うことはさすがの私でもわかります。しかし、それ以外に漂白剤のような洗剤が流しに置いてあるのです。これがどのような効果を示すのか、全くわかりませんでした。毎日同じコップでコーヒーを飲んでいますと、カップの内側が茶色く変色してきます。洗剤でいくらゴシゴシ洗っても取れません。ひょっとしてここで漂白剤を使うのでは？　と思いつき、漂白剤にしばらくつけてから洗うと、真っ白な磁器の色に戻りました。

つまらないことかもしれませんが、その瞬間、とても嬉しくなりました。

✦食器の持つ運命

次から次へと食器を洗っていると、別の食器や蛇口などにどうしてもぶつけてしまいます。よほど丁寧にそしてゆっくりと作業をしないとぶつけるのを避けられません。昔は、好きな食器やコーヒーカップが欠けているのを見ると「もっと丁寧に扱えば良いのに」と心の中で妻を責めていましたが、自分で洗い物をすると避けられないことがよくわかります。今頃わかって、妻に謝ってももう遅いのですが、たとえ心の中だけとはいえ、手伝いもせずに批判していたことを申し訳ない気持ちになりました。

以前、親しくしている萩焼の窯元で、

「傷つけたらいけないからどうしても日常には使えません」

と言いましたところ、

「萩焼は、日常使う食器です。もし欠けたり割れたりしたらそれはその萩焼や元の土が持っている運命です。気にせずに思い切り毎日使ってください。その方が、萩焼は喜びますよ」

とのお話を伺いました。以来思い切って使ってきましたが、鑑賞用の美術品は別として、食器というのは毎日使ってこそ意味があるので、飾るためのものではなく、万一傷ついてもそれはそれで運命なのだと考えるようになりました。そうするととても気が楽になりました。

そうはいってもオトコが毎日洗い物をするということになれば、やはり割れない食器を使うことの有用性もあります。真っ白なコレールの食器は、どんな色合いの料理にも一応は合いますし、軽いし、何よりも割れないのが魅力です。でも一方で、本当の心豊かな食事の盛り付けなどを考えると、やはりきちっとした食器を使えるようにならねばと思います。妻からは、料理の色合いや形により「あの食器を取ってください」といつも指示されていました。さんまの塩焼きにしても、綺麗な色の細長い食器に盛りますと、真っ白な大根おろしとの組み合わせでとても美味しそうに見えたものです。もう少し料理の腕を上げて、食事を栄養補給ではなく、色味も楽しめるようになることを、今後の目標としておきます。

台所には食器洗い機が組み込まれています。一度、これを使うと楽なのだろうと思い、教えていただいて専用の洗剤を求めて使ってみました。確かに、セットしてスイッチを入れると何もしなくても良いのですが、使用説明書を読んでみると、セットする前に残り物などを軽く水洗いしてくださいと書いてあります。一人分の食事の後では、軽く水洗いした後そのまま洗剤で手で洗えば、それで済んでしまうわけです。これなら機械を使うよりも手洗いの方がずっと早く済んでしまうことに気づきました。それ以来食器洗い機は使っていません。

ただ、洗い物をしていますとだんだんと手が荒れてきます。面の皮に負けないぐらい手の皮膚も強いと思っていましたが、特に冬には指先が乾燥してカサカサになり、ザラザラしてきます。時には、ササクレのような感じで痛くなることもあります。眼科医として、手術の時には念入りに手や指を洗い消毒します。今まで平気でしたし、洗い物でこれほど手指がカサカサになるとは夢にも思っていませんでした。妻がいつもハンドクリームをつけていたことの意味がやっとわかりました。洗い物をしたらクリームを手指に塗る、という習慣ができました。

もう一つ、とんでもないことに気づきました。お箸というのは消耗品なのです。使っていると、先の方が少し傷んできます。適当な時期に新しいお箸に替えねばなりません。割り箸はもちろん使い捨てですが、普通のお箸も、時々新しくせねばならないことがわかりました。

一人で家事をするようになって、色々な局面で何かを見出し新鮮な気持ちになりますが、食後の食器洗い一つをとっても、食事を当たり前のようにいただいていたことの裏で、妻が様々な苦労をしてくれていたことに気づき改めて遅ればせながら感謝の気持ちが湧いてきました。

心を満たすために

毎日出勤せねばならないという立場でなく、一人で生活していますと、とにかくいちばんの問題は喋らなくなることです。元来私はいろいろなことをお話しするのが大好きな人間ですが、一日中一言も喋らない日も時にあります。家にいる時は、食事を自分で作りますが、「よ〜し、美味しそうなのができたぞ」と独り言を言いながら、食卓に運びます。たとえ味そのものは悪くはない（？）にしても、一人きりで一切会話がない状態でいただきますと、時に単純な栄養補給のように感じる時がありますし、一人で黙々と食べると何よりもすぐに食事が終わります。食べ終わると、これも生活の知恵で、汚れた食器を台所に運び、すぐに皿洗いをします。そんな時、一定のカロリーが取れるクッキーやカロリーメイトで済ませれば、食器洗いも必要なく楽ではないだろうかという「悪魔の誘い」が、時々頭の中をよぎります。若い頃、学生時代には、外のファストフード店などで食事をすることが多く、また食事は成長のためのある意味栄養補給でしたが、歳をとりますと、この味気なさが身に沁みるようになります。

週のうち何日かは、福岡や東京に診療や会議に出かけます。この時に、外で食事をいただくのですが、私は一人でふらっと知らないお店に入っていくことがなかなかできません。その点、死んだ妻は、平気で一人で初めてのお店に入り、「美味しい店を見つけたわよ」とよく言っていました。

そのようなわけで、私は福岡でも東京でも、比較的一人で入りやすい、いわゆるB級グルメ店と言われるところに入ります。親子丼、うどんやとんかつなどが大好きです。幸い羽田空港にはこのようなお店がたくさんありますので、行き帰りに空港で済ますことも度度あります。このように外で食事をとりますと、確かに素人の私が作るよりも美味しい料理をいただくことができます。

しかし、一人で黙々と食べるという問題は解決できません。

今お世話になっている大島眼科病院の院長ご夫妻や友人たちが心配して時々お食事に誘ってくださいます。勿論連れて行っていただくお食事はとても美味しいものです。しかし何よりも、二時間以上かけて、最近のニュースやスポーツの結果などから始まり、医学的なことや歴史の話などまで、様々な話題を語り合いながら、お酒を少しいただきながらの食事というのは今の私にとって、とても楽しいものです。

体の栄養補給ではなく、心の栄養補給が行われていると言っても良いかもしれません。

また近畿大学時代の教え子だった先生方が、年に何回か「西田先生を囲む会」と称して大阪に呼んでくださり、一緒に食事をとっています。有難いことです。このように古くからの友人、知人や教え子達と食事をしますと、昔話に花が咲きます。若かった頃、まだまだ自分の人生が無限に続くものと信じていた頃に持っていた夢などが思い出されます。それらの夢のうち実現したことは僅かかもしれませんが、しっかりと前を向いて生活していた頃の自分に戻ってきます。この湧き出てくる気持ちが、心の栄養なのでしょう。**心を満たし精神をまっすぐにする手段として、食事を共にするということが大切なのだ**と思います。

食事一つにしても、今まで思ってもいなかったことがわかってきます。そのような訳で、最近では時々誰かを誘って外で食事をとるようにと努めています。

お茶の効能

私は、昔からコーヒーが大好きです。コーヒーがあれば、一度くらい食事を抜いても平気なぐらいです。現職の頃、若い先生方と議論したり、論文を校正する時などには、コーヒーが必須でした。また若い先生方もそれをよく知っており、私の部屋に入ってくる時には、しばしばコーヒーを持ってきてくれたものです。

このようにコーヒーが大好きな私ですが、特に豆の種類に凝るわけでもなく、また淹れ方に凝るわけでもなく、ただコーヒーという飲み物がそばにあれば良いというものでした。

家では、朝起床時に妻がコーヒーをまず淹れてくれていました。自分ですることは全くありませんでした。しかし一人になると、コーヒーも自分で淹れねばならなくなります。

フィルターペーパーを切らさないように、コーヒー豆を切らさないようにといつも注意をし、なくなりそうになればスーパーやコーヒー専門店で求めて補充しておかねばなりません。

自分でコーヒーの豆を求めに出かけるようになると、少し豆の種類などを比べてみたくなってきました。コーヒー豆の専門店に行くと、様々な豆が並んでいます。そこで注文する前に、私の本当に好きなコーヒーの味はどれなのかなどと考え出します。そうすると次はあれを試そうなどと考えるようになってきます。

何でもそうでしょうが、他人が準備して与えられている限り、深く考えませんが、いざ自分で全てをするようになると、好みを探索したくなってくるものです。

今は、キリマンジャロのストレートが美味しいと思っていますが、先日ブルーマウンテンのブレンドを試してみると、これがまたよく、次にはストレートで試してみようと思っています。

一人で生活をして、仕事のない日は一日家の中から一歩も出ない日があります。そのような日は、食事以外で口にするのはコーヒーかミネラルウオーターになります。すると、少し変化を求めたくなってきます。

そこで、中国茶に挑戦しました。台湾によく呼んでいただき講演していましたので、お土産にいただいた中国のお茶が家にたくさんあります。また中国茶用の湯のみもありましたので、鉄観音や烏龍茶をはじめいろいろな中国茶を試してみました。コーヒーとは異なり、何かお腹に優しい気がします。その中で「東方美人」という銘柄のお茶がとても口に合いました。虫に噛まれたお茶の葉をもとに作るようで、何とも言えない素敵な香りがあります。中国茶の淹れ方には、それなりの方法があるようで、調べて作法に従って淹れてみました。コーヒーの淹れ方とはまた異なり、なかなか面白いものです。「おーい。お茶をください」といえば出てきたお茶とは異なり、お湯を沸かし、湯のみを温めてと時間をかけて手順を踏んでいきますと、若い頃時間がなく何事も急いで行っていた時とは異なる気持ちの変化が出てきます。

そうなりますと日本のお茶に挑戦したくなってきます。お抹茶は、とてもではありませんが私には点《た》てられません。しかしお煎茶ならなんとかなるのではと思い、福岡に出かけた時にデパートの地下で売り場の方に教えていただき、その方が薦めてくださった八女《やめ》のお茶を試してみました。一煎目と二煎目で淹れ方が異なり、それぞれの香りと甘さを味わうことができます。お茶の葉が時間とともに開いていくのがわかります。このゆっくりした茶葉の変化を眺めるのは、また楽しいものです。私はもともと大阪の出身ですので、日本茶は宇治と決まっていましたが、最近では九州の八女茶や都城茶が美味しく感じられます。まだまだ日本茶の道は始まったばかりですが、いずれ家にある萩焼のお茶碗や湯のみで味わえるようになりたく思います。

コーヒー、中国茶そして日本茶と香りも味も異なりますが、お湯を沸かし、温度を調整し、お湯の注ぎ方に工夫を凝らし、そしてどのようなコーヒーカップや湯のみに入れようかと考えて、のんびりと用意していただくと気持ちがとても落ち着いてきます。自分でお茶を淹れることによって学べたことです。

3——洗濯

食を確保することと並んで、洗濯もどうしても避けられない毎日の問題です。一人で生活するがゆえに、少なくとも清潔な身なりを保つことが大切です。妻に先立たれたからといって、汚れた衣服やプレスのきいていないズボンを穿いていては、生前あれほど気を使ってくれていた妻に申し訳がありません。最後の言葉となった、

「格好良く、愉しく生きるのよ」

を実践する上でも、きちっとした服装でいることが大切だと考えました。

洗濯は、基本的には洗濯機がしてくれると簡単に考えていました。しかしこれが間違いで、実に色々と工夫が必要です。まず家で洗濯するものとクリーニングに出すものとを区別せねばなりません。スーツやワイシャツは、クリーニングに出すものとすぐにわかりますが、シーツや布団それにカーテンなどはどうするのか判断に苦しみます。自分で洗濯するとしても、毎日毎日洗濯する時間はありません。どの程度の頻度で洗濯すれば良いのかが分かるまで、試行錯誤の連続でした。

オトコ、はじめて洗濯機を使う

まず最初に洗濯機の使い方を知らねばなりません。いくつもボタンがあり、どれを押すと何が起こるのかを理解する必要があります。洗濯、すすぎ、脱水、そして乾燥と一つの機械が全てしてくれますが、下着、靴下、ハンカチーフそしてタオルと少なくとも毎日のように出てくる洗濯物に応じて、工夫する必要があります。妻による家事の訓練を受けていた時に、三種類の液体をしかるべき順序で入れてからスイッチを入れることを教えてもらっていました。このことはとても役に立ちました。少なくとも洗濯機を動かすことはできますから。しかし、洗濯機から出して干した下着やタオルは柔らかくなく硬いものでした。乾燥させすぎてもいけないことを知りました。またサボって洗濯が終わった後、干さずに濡れたままにしておくと、臭くなり、もう一度洗濯せねばならなくなることも学びました。

教えてもらっていた洗剤などを使い切りますと、次に何を買い求めれば良いのかが分かりません。いつもながら、職場の女性の方々にいろいろと質問し、使っていた三種類の液体は、それぞれ洗剤、漂白剤と柔軟剤であることを学び、スーパーでやっと補充することができるようになりました。それでもテレビのコマーシャルで出てくる洗剤のどれが良いのか判断できませんから、教えられたのと全く同じメーカーの商品を購入することにしました。

全自動の洗濯機と言いますが、どうもコツがあるようです。まず洗剤などを入れて、洗濯、すすぎと脱水だけをします。その段階で一度蓋を開け、ネットに入れた靴下とハンカチーフを取り出します。それからもう一度スイッチを入れて、乾燥のサイクルに入ります。一旦終わったら乾燥の具合次第でもう一度乾燥のサイクルに入るのも良いようです。しかし洗濯機の前でじっと待っているわけにはいきませんから、ここでもキッチンタイマーが有効です。それまでの間、他の家事に没頭できます。

このように洗濯をこなすまでに、かなりのエネルギーと知識の吸収が必要でした。それでも、講演や会議で出かけることが多くある週などは、洗濯物がたまってしまい、残っている下着や靴下の数を数えたり、慌てて追加のためにデパートに求めに走ったりせねばなりませんでした。

洗濯物は、基本的に毎日出てきます。毎日着替える下着、靴下やハンカチーフに加え、出かけますとワイシャツの洗濯が必要となります。それ以外にも、バスタオルや台所や洗面所にかけている手拭きのタオル、パジャマなど毎日ではないにしても次から次へと洗濯物が出てきます。一人分だけでも、相当な量です。洗濯機にかけるものとクリーニング屋さんに出すものとを脱いだ時に分けてカゴに入れています。一人分ですと、週に一度洗濯機を回せば片付きますが、このことが分かるまでにかなりの時間がかかりました。

比較的大きな洗濯機を妻は求めていました。最初の頃は、洗濯槽に一杯になったら洗濯をすれば良いのだと考えていました。

洗濯槽が一杯になるまで置いてから洗濯をすると、干す、取り込む、そして畳むという全ての工程で作業量が増え、面倒な気持ちが強くなります。一年間自分で洗濯をしてみますと、一人分であれば、こまめに洗濯するのが一番のように感じました。

干し場

二階のベランダで妻が干していましたので、最初はその通りにしていましたが、干した後、出かけて留守にすることもあり、やり方を少し変え二階の廊下に干し、扇風機を回すことにしました。それでも一階で洗濯した後、二階まで運んで、一枚一枚丁寧に干していかねばなりません。慣れるまでは、これが結構面倒なことでした。

ホームセンターへ出かけ、洗濯コーナーを見て回りますといろいろと便利そうなものが売られています。そこで下着のシャツをかけるハンガーを求めましたが、今度はそのハンガーを室内でかける場所を探さなくてはならなくなります。そういえば時々妻がドアの桟に引っ掛けていたのを思い出し、そこにかけることにしました。いろいろと工夫しながら、なんとか干せるようになりましたし、室内ですので、そのまま留守にしても問題はありませんでした。ただ扇風機の風が強すぎると、何故かは分かりませんが仕上がりがごわごわします。風が弱すぎてもなかなか乾きませんが、柔らかめのゆるい風が一番だということを学びました。

それでも二階に持って上がり、乾いたら持って下りて畳むというのが面倒になってきました。丁度、台所裏の納戸の大片付けを行い、私が使いそうにないものを全て捨てましたので、スペースが生まれました。そこにパイプをかけ、物干しができるようにセットしました。それからは、洗濯が終わるとすぐ後ろの納戸に運んで干すという形で、作業はかなり簡便になりました。

ただ欠点は、根が無精ですので、ハンガーから外して畳まずにそのままにしておいて、下着が必要となると納戸に行って取ってくるという行動が生まれてしまったことです。つまり、納戸が洗濯物を干す場所と同時に下着やタオルの保管場所になってしまいました。

アイロンがけに燃える

洗濯が終わった下着などの衣類の保管場所も結構大切な因子です。今までは、お風呂に入って出てくれば脱衣所に洗いたての下着やパジャマが置かれていました。出かけるときには、ワイシャツ、靴下、それにハンカチーフなどをセットとして出してくれていましたので、どこに保管してありどのように出してくるのかなど全く気にしていませんでした。妻の動線は考えていなかったのです。しかし、自分で全てをするとなると、この動線というのが結構大きな因子だということがわかりました。美由樹先生のアイディアで、下着は洗面所兼脱衣所に保管することにしました。お風呂に入った後など、とても動線が短くなり、便利になりました。一方で、靴下やハンカチーフなどは、ウオークインクローゼット化している和室に、ワイシャツ、ネクタイなどと一緒に保管することにしました。

原則として、毎日着替える下着や靴下は、週に一度洗濯するようになりますと、ある一定の数を揃えておく必要があります。時に、学会などで一週間以上の旅に出ることがありますから、最低でも十セットほどは用意しておかねばなりません。かといってたまの出張のために数を揃えると、今度は保管の場所に困ります。一年一人で生活してみますと、大体の自分自身の生活パターンがわかってきます。十セットの下着と靴下があれば、通常はうまく回るということがわかりました。それに加えて、新しく求めた下着類を十セットほど、万一のために包装されたまま引き出しに保管しておくと気が楽になります。理想的には、下着もアイロンをかけてピシッとするのが良いのでしょうが、オトコの独り住まいでは、洗濯し、干して乾かして、畳んでおいたもので十分だと自分なりに納得しています。

ところが、問題はハンカチーフです。これだけは干して乾かしたままでは、どうもピシッとしません。どうしてもアイロンをかけて、きちっと折りたたんだものをポケットに入れたくなります。幸い妻がアイロンをかけてくれていたハンカチーフが比較的たくさん保管されていましたので、しばらくは不自由しませんでした。しかし、それも限りがあります。大体アイロンをかけるということなど、人生で一度もしていませんし、自分が火傷《やけど》をするか布を焦がすかしか起こりえないような予感がします。ズボンはクリーニング屋さんに出せば、きちっとアイロンがかかって戻ってきますが、まさかハンカチーフを出すわけにはいきません。なんとなく子供時代に母親がしていたことを思い出しながら、まず霧吹きを求めねばと美由樹先生に相談しますと、「今のアイロンはスチームが出ますから、霧吹きなんていりませんよ」と一蹴されてしまいました。アイロンのかけ方を教えていただいて、思い切ってある日曜日にかけてみました。ところが一旦やり始めると、綺麗になっていくのが楽しくなります。さらに、角をきちっと合わせてアイロンがけすることに燃えてきます。性分かもしれませんが、そうなるととんでもない時間がかかります。三十枚ほどのハンカチーフのアイロンがけに二時間以上もかかってしまいました。今度は、この時間がトラウマとなり、ハンカチーフのアイロンがけは、二ないし三時間空いている時しかできないと思い込んでしまいました。ある日、大阪で会議があり、少し時間ができたのでデパートに立ち寄り、ハンカチーフを十枚求めました。これがクセになり、アイロン済みのハンカチーフがなくなると、新しく求めるという癖がついてしまいました。おかげで、洗濯済みで、まだアイロンがかかっていないハンカチーフが引き出し一杯になっています。この問題は、近いうちに解決して、もっと簡便にアイロンをかけ、もうこれ以上新しく求めないようにせねばとは思っていますが。

靴下に空いた小さな穴

古くなった下着は、妻が適当に処分していたのだと思いますが、用意してくれていた下着は、それほど薄い生地のものはありませんでした。しかし自分で洗濯して一つ一つ手に取ってみますと、下着というのはだんだんと生地が痩せて薄くなってくるものなのです。いつまでも同じ下着を着ているわけにはいかないのだと理解できました。下着のプールを維持しながら、その新陳代謝に合わせて、新しい下着と交換していかねばなりません。いつも家事をされている方から見れば、つまらない些細なことでしょうが、私にとってはとても新鮮な発見でした。

同じような問題が、靴下にもありました。私は太っていますので、足の指先への荷重がとても大きいのかもしれません。靴下の指先が、だんだんと薄くなってきます。**ある日、靴を脱いで食事をいただく機会があり、足元を見ると小さな穴から指が見えます。あっと思いましたが、もう手遅れです。**食事の間中このことが気になり、他の方に見られないようにと気をつかっていました。このようなことをとても嫌がり、細かく気を使ってくれていた妻は高いところから「何をしているのよ」と怒っているのではと感じました。つま先が薄くなってきたら、思い切って靴下を捨てることを学びました。**それと、出かける時に、万一座敷などで靴を脱がねばならない時のために、日数分の靴下に加え、必ず新しい靴下をカバンに入れておくことにしました。**このようなことまで、考えねばならなくなりました。

一方、靴下というのは、洗濯した後に右と左を合わさねばなりません。同じ時期に求めたものでも、洗濯を繰り返しているうちに、徐々に色合いがずれてきます。くるぶしの所についているマークと色合いを合わせながら、右、左を揃えていくのは、かなり慣れてはきましたが、結構面倒なことです。ここでの自分なりに素晴らしいと思う解決策は、デパートで同じメーカーの靴下、できれば同じロットのものを一ダースまとめて買うことでした。おかげで、最近では、右、左の靴下合わせの苦労は軽減しましたし、少しぐらい洗濯をサボっても靴下に関しては不自由しなくなりました。

衣替え

料理や洗濯のように毎日行う家事と、掃除のように週や月単位で行う家事とは別に、洋服の管理は季節ごとに一年の単位で変化していきます。一人で生活するようになり、春夏秋冬の四季を経て初めて、着るものの管理（衣替え）が一つの大きな仕事であることに気がつきます。

冬が終わり、春がやってきますと春夏のスーツが必要になります。どの洋服が春夏用なのか、どこに保管されているのかを家中探さねばなりません。仕事で着るワイシャツは、一年を通じて同じもので良いのですが、それでも夏に向け半袖のシャツが必要となってきますし、家の中で着る色もののシャツやポロシャツなどの半袖のものを探さねばなりません。きちっと妻は整理して片付けてくれていましたが、それらを収納している引き出しを見つけ出すのが大変でした。そして何よりも着終わった冬物をドライクリーニングに出して次の季節まで片付けておかねばなりません。洋服ダンスやウオークインクローゼットは、処分しきれないでいる亡き妻の洋服でいっぱいです。整理整頓が終わるまでの当座の方法として、思い切ってパイプの洋服がけを求めてきて、和室を私の洋服の収納部屋にしました。そこへクリーニングが終わって受け取った冬服をかけておくことにしました。

しかしその話をいつも相談している私の弟子の榎先生に話しますと、ドライクリーニングから帰ってきた洋服を包んでいる薄いビニールのカバーはすぐに外さないといけないこと、埃を避けるために別の通気性のよいカバーをかけること、防虫剤をかけておくことなどを指導されました。確かに、最後の二年間ほどは妻はさすがにそこまで手が回らなかったのでしょうか、幾つかの洋服には虫が食った痕がありました。そうなると、どこでどのようなものを求めればよいのかが次の疑問となります。ホームセンターに出かけると、実に色々な種類の防虫剤が置かれています。どれを購入してよいのかが分からず、妻が使っていたのと同じマークの防虫剤を求めました。「百均」に出かけ、今度は洋服カバーを求めます。ここでも長いものや、上半分だけのものなど幾つかの種類があります。教えてもらいながら、買い揃え、一つ一つドライクリーニングが終わった冬服にカバーをかけ、防虫剤を入れていく作業を行いました。

マフラーは幾つもあったはずですが、なかなか見つかりません。冬も終わりの頃になって、一つの引き出しの中にきちっと片付けられているのを見つけました。これで次の冬はマフラーでは苦労しなくて良いと、ほっとしたものでした。

今は毎日出かけるわけではありませんが、講演や会議で週に三、四回は出かけます。その時は、いつもワイシャツを着ますが、都合でクリーニング屋さんに出かけられない時があります。**少し不安になり、追加でワイシャツを注文しておかねばと考えました。ところが他のものを整理しながら、タンスの引き出しを開けていきますと、デパートから送られてきたままのまっさらなワイシャツが幾つも出てきます。そういえば、なぜか大切な講演の時には、いつも新しいワイシャツを妻は出してくれていました。妻の美学の一つかもしれません。改めてこんなところまで気を使ってくれていたのかと感激したものでした。**

ここで学んだことは、自分自身の断捨離をするためには、新たにものを購入しないこと、まず家捜しをして、家の中にないもののみを新たに購入するという大原則を作ることでした。基本的には、必ずどこかにあると信じて探すことが大切で、ないと思って探すと決して見つかりません。十六年半の二人の生活の中で、必要となるものはほとんど妻が求めて保管していると信じることが大切でした。

4——掃除

食事の問題をある程度解決し、洗濯した清潔な衣服を着て出かけられるようになりましたが、部屋の掃除にまではなかなか手が回りません。

一つの大きな理由は、妻が最後に入院していた病院から持って帰ってきた荷物を解く気になかなかならず、また気持ちの上でも整理して捨てたりできないことです。部屋の片隅に、いくつもの荷物の袋が鎮座していますと、掃除は進みません。食事や洗濯とは違い、少し暗い部屋の中に埃があっても、気にしなければ生活はできるものです。

しかし四十九日の法要など、お参りのお客様が来られるので、お迎えできるような程度には多少は掃除をしておかねばなりません。

掃除など、私は生涯今まで一度もしたことがありません。子供時代から、母や妻がいつも掃除をしてくれていました。いよいよ掃除をせねばならなくなり、最初に思いついたのは掃除機です。妻について電器屋さんに掃除機を買いに行ったことはありますし、一番最近に求めたサイクロンの掃除機では、ゴミや埃がなくなるとランプが消えます。このことが妻のお気に入りで、私によく見せて「ね、ランプが消えたでしょう。綺麗になったのがわかるのよ」と自慢していました。そのように妻が掃除機をかけているのをたまに横で見ていたことはあります。

そこで、掃除機を取り出して部屋の中心部だけでもざっと掃除しました。

三種類の掃除機と闘う

家には、三種類の掃除機がありました。どの掃除機がどの目的で使われていたかは、全くわかりません。そこで、一番古くからあると思われる掃除機で掃除を始めました。ところがある程度掃除をすると吸いが極端に悪くなりました。吸い込んだゴミを捨てねばならないのだろうとまでは想像できました。色々と掃除機を触りながら、中を開けてみると紙パックがありました。その中にゴミが詰まっているということは私でも理解できます。しかし、この紙パックからどのようにしてゴミを取り出すのかが大変な問題でした。まず逆さまにしてゴミ箱に入れようとしますが、なかなかゴミは出てきません。そこで、割り箸を持ち出して紙パックの中のゴミをかき出すようにして捨てました。作業をした場所の床は、細かいゴミで真っ白になりました。その場所にまた掃除機をかけねばなりません。

掃除をして部屋を綺麗にしたはずなのに、掃除機の掃除をしてまた部屋を汚すことがどうしても納得できません。

診察をするために病院に出かけた時に、美由樹先生にこのことを話し、どうしたら良いのかを尋ねました。「先生って、こんなことも知らないのですね！　面白い！　その紙パックはそのまま捨てて新しいのをセットするのですよ」と言われ、紙パックが使い捨てであることをここで初めて知りました。早速メールでこの事件の顚末《てんまつ》は広められ、しばらくは笑い話として話題になりました。

さて近くの電器屋さんに出かけ紙パックをくださいと言いますと、機種名や型番を聞かれました。また家に戻り調べて出かけますと、「そんな古い掃除機の紙パックはもうありません」とのことです。「ホームセンターで売っている汎用の紙パックを試されたらどうですか」と言われました。妻のことだから、きっとスペアを購入していたはずだと思い、納戸に行き探しますと、出てきました。ところがこれがまた大変です。電器メーカーの純正の製品ではなく、汎用の物のようで、色々なメーカーの掃除機に使えるようです。袋に書いてある使用方法を読みますがなかなか理解できません。取り付ける方向や曲げたりする場所がメーカーごとに異なるようです。掃除機に合わせながら、小一時間苦労してやっと新しい紙パックを取り付けることができました。スイッチを入れるとちゃんとゴミを吸い込んでくれますし、紙パックごと捨てるのであれば、部屋も汚れないことがわかりました。

一方、サイクロン型の掃除機は、透明な部分があり、ゴミが溜《た》まっていく様子がわかります。当然ゴミで一杯になるまで吸い続けるものとばかり私は思っていました。ところが意外に早い時期に吸わなくなります。よく見るとゴミ溜めの下の方に線が引いてあり、ここまできたらゴミを捨てなさいという印のようです。案外面倒なもので、サイクロン型の場合は、こまめにゴミを捨てないと吸いが悪いということを学びました。

実際に掃除をしてみますと、コードがかなり邪魔です。**掃除をしては、コードをコンセントから外し、別の場所のコンセントに差し替え掃除を続けるというのは案外面倒なことです。少々頭にきたこともあり、吸引力が一番というコードレスの掃除機を衝動的に買いに出かけました。**面白いもので、自分で購入しますと、帰宅後、みっちりと使用説明書を読むものです。コードレスの最大のメリットは、こまめに小さな面積をさっと掃除できることです。食卓の周りなどで重宝しています。

掃除機をかけてみますと、これほど埃やゴミのある中で生活していたのかと恐ろしくなります。食器棚や飾り棚の上に掃除機をかけますと、とんでもない量の埃が吸引されます。だんだん面白くなってきていろいろな場所で掃除機をかけますが、部屋の隅の方は何かものを置いていたりで、なかなかかけることができません。邪魔になるものを一旦移して掃除機をかけねばなりません。これがまた面倒なのです。

やはり、**部屋を整理し不必要なものを全て捨てない限り、思い切った掃除はできないこ**とに気づきました。

このように、一般的には家事というのは、最初が大変です。使い始めや、やり始めのハードルを乗り越えて、方法やコツがわかるとそれから先は何の問題もなくできるのですが、**古希になって初めて家事をしますと、掃除機をかけること一つでもこれだけの騒動となるものです。**

✦拭いても拭いても取りきれない埃

掃除機をかけると表面の埃やゴミを取り除くことはできます。しかし雑巾がけをしてみますと、まだまだ雑巾は黒くなります。つまり、掃除機をかけることで、掃除が終わるのではなく、さらに雑巾がけのような作業が必要だということに気がつきます。そういえば、妻は使い捨てのワイパーで床を拭いていたことを思い出しました。納戸にあるハンドルに合う先端部を買いに行きますと、ドライタイプとウェットタイプがあります。さあどちらが良いのかと売り場で悩みこみ、結局買わずに帰ってきました。後日、榎先生に聞きますと床の性状にもよりますが、基本的にはドライタイプでワイパーをかければ良いと教えていただき、早速ドライタイプのものを求めて、掃除機をかけた後、いわゆる拭き掃除をすることにしました。

それ以外にも、納戸には様々なクリーナーや洗剤と化学雑巾などが置かれています。机の上を拭く時、本棚の棚板を掃除する時とそれぞれに使い分けるのでしょうが、未だに完全には私は理解できていません。研究室では実験机を清潔に保つためにアルコールのスプレーでいつも拭いていました。そのことを思い出し、基本的には、除菌用のアルコールスプレーと吸水性のキッチンタオルで掃除をしています。残されていた様々なクリーナーは一年経っても一度も使っていないものがあり、先日思い切って捨てることにしました。使えないもの、使いこなせないものは場所を取るだけで、不必要だと判断したからです。いずれ私の掃除能力が高まって、必要になるかもしれませんが、その時に新たに求めれば良いと考えました。しかし、ホームセンターに出かけると掃除の道具やクリーナーだけでもとても多くの種類のものが並んでおり、これらを完全に理解するのはほとんど不可能だろうなと感じています。

まだまだ全く手のついていない部屋がいくつかありますが、毎日多くの時間を過ごす居間や寝室の掃除だけは、やっとできました。ところがひと月ほどするとまた埃が溜まってきます。子供のように家の中で暴れるわけではないのに、埃やゴミというのは結構短時間で溜まるものだと認識しました。しかし、仕事をしていますと、毎日の料理、洗濯に加えて、十分に掃除をするだけの時間が取れません。もう少し要領良く掃除ができるまでは、埃と共に生活するしかないのかもしれません。

生きることはゴミを出すこと

妻が亡くなり、いざ一人で家事をし、生活をせねばならなくなると、案外大変なことが毎日出てくるゴミの処分でした。

ゴミ集積所は幸い家の斜め前ですので、ゴミ出しは大した仕事ではありません。しかし、ゴミを燃えるゴミ、生ゴミ、資源ごみと分別してそれぞれ指定された袋に入れることが一番の悩みでした。また週のうち何曜日がどのようなゴミの収集日かを知っておかねばなりません。冷蔵庫の側面に市からの広報紙を、妻がマグネットで貼り付けていることに気づきました。生ゴミと燃えるゴミが毎週月・水・金、プラスチックの資源ごみは木曜日です。それ以外に、週に一度のペットボトル、大型ゴミ、危険ゴミなどの収集があることがわかります。ともかく収集の日時を把握して、ゴミ出しのパターンを身につけることが最初の仕事でした。

同時に、家の中から出るゴミを広報紙の注意を見ながら、どのようなゴミか分別することも、大変な作業でした。料理を作った後に出てくる生ゴミは、簡単に分別できます。紙も一見簡単です。しかし、段ボールと普通の包装紙をどのように区別するのかが、はっきり理解できません。山のように送られてくるダイレクトメールは、燃えるゴミなのかそれとも本として月に一回の収集時に出すのかがわかりません。自分なりに、手で簡単に破れる広告は燃えるゴミに、冊子で手で破れないものは、雑誌などの本として月一度の回収の日に出すと解釈しました。

町内会の回覧板も妻が元気な時は見たこともありませんでしたが、自分で見るようになりますといろいろとゴミ捨てに関する注意が書かれています。朝ゴミを出して出かけることがほとんどですので、回収してもらえない出し方をするとご近所に迷惑をおかけするのではと結構気を使いました。一年半ほど、ゴミ出しをしていますとだんだんとわかってきますが、それでも広報紙に書いていないような、私には分別が難しいゴミが出てくるものです。ゴミという観点から見ると、よくもこれだけ色々な種類のゴミがあるものだと感心してしまいます。分別の仕方が分からない場合には、市のホームページを探すと実に詳細な区分の一覧があります。しかし、市の職員の方は、よくこれだけ多種類のゴミを分類したものです。でも大変参考になりました。

資源ごみのプラスチック製のものは、洗って袋に入れるようにと市からの広報紙に書いてあります。お惣菜などが入っていたプラスチックの皿も、最初は洗剤で洗って乾かしてから、ゴミ袋に入れていました。

ある日、美由樹先生が来られて、**「何をそこまでやってるの」**と言われ、さっと水洗いで袋に入れても良いのだと理解できました。それ以外に、瓶、洗剤や調味料を入れているプラスチックの容器なども頭を悩ませます。一年半も生活していますと、毎日出るゴミとは異なり、電池、プリンターのインクカートリッジ、歯ブラシの古いもの、髭剃りの刃と本当に次から次へと頭を悩ますゴミが出てきます。

「人が生きるということはこれほど多くのゴミを出すことなのだ」と、変に感心したりす

るようになりました。

それでも、私のことを心配してくださる溝端さんが、月に一度か二度ゴミ捨てに来てくださいます。そのおかげで、分からなくなれば、溝端さんに頼もうと安易な道を選んでしまい、いつまでも独り立ちできません。

ゴミとは言えないけれども、たくさん溜まると捨てたくなるものに、コンビニやデパートなどで買った品物を入れてくれるプラスチックの袋と紙の袋があります。あの薄いプラスチックの袋は、ちょっとしたゴミを入れたりするのにとても便利ですが、一人の生活量では、使うよりも溜まる方が多くなります。最初は、いつか使うからと大切に大きな紙袋に溜めていましたが、最近では、だいたい使う量が見えてきましたので、残りは思い切って捨てることにしました。デパートなどでいただく紙袋で、大きくてしっかりしているものは部屋の中のゴミ箱代わりとして重宝します。空のペットボトルをとりあえず大きな紙袋に入れておき、月に一度の収集日に蓋を外して透明のプラスチック袋に入れなおしています。

納戸には、妻が保存していた沢山の素敵な紙袋がありました。ブランドショップでくださるものです。最初はこのような綺麗な紙袋も、妻がしていたように「いつか使うかもしれない」と考えて保存していましたが、一年以上使うこともなくただ溜まって場所をとるだけになってきました。ところが、診療している病院の秘書さんに話をすると案外人気があるものなのです。「ください」と言われて、時々届けることにしました。しかし、紙袋もプラスチック袋も基本的には最小限の数だけ残して思い切って捨てることが基本だと分かってきました。

ダイレクトメールやまだ整理がつかない妻の遺品などが家の中に散乱しており、テレビで時々見る**「ゴミ屋敷」の住民にはなりたくない**と、せっせと捨てています。何よりも一人になった今では、私自身の死後、人に迷惑をかけないためにもしっかりと断捨離をしておかねばなりません。しかし、家の中をきれいに整理整頓しておくということはとてつもなくエネルギーと時間が必要なことだと、理解しました。仕事から帰ってきたら、何も置かれていない食卓に座って出てくる食事をいただけること、書斎の机がいつもきれいに片付けられていることなど、当たり前だと思っていましたが、妻が毎日大変な作業を裏でしてくれていたからこそと、今頃になって感謝しています。

5——家計、家、ご縁の整理

人が死に至るまでに必要な金額

日常生活の中で、大雑把にでも自分自身の収入を把握し、その範囲の中で生活するように心がけていましたが、日常の家計の管理は全て妻に任せていました。妻がいなくなりますと、毎日、毎週、毎月の家計管理が大変なことに気づきます。「よくやってくれていたよな」というのが正直な実感です。死ぬ前にあらかじめ、ローンの支払いなど我が家の家計で定期的に必要な金額のリストを作ってくれていました。したがって、その範囲を超えないような生活さえしておけば、大きな問題はないと考えていました。

現代では皆さん長生きされますので、人を見送る機会が減ってきています。私自身、両親の見送りとその後の手続きなどは両親と一緒に住んでいた弟がしてくれましたから、経験は全くありませんでした。そのため、人が死に至るまでに必要な金額はどの程度か、ある程度想像はできても、実感として全くわかりませんでした。

妻に最終的にガンの転移が認められ、余命半年と告げられた時点で、新たな追加の治療をしないと二人で決めました。それからの半年は、妻が行きたがっていたところなどへ二人で旅をしました。妻への労いや思いやりと同時に、思い出作りという私自身の気持ちも大きかったと思います。最後と思いますから、可能な限り贅沢な旅をしました。正直なところ、こんなことをしていて良いのだろうかと思う瞬間もありましたが、少しでも楽に旅をして、私が一番苦しかった時期に助けてくれた妻へのせめてもの感謝の気持ちとしたいと思っていました。最後の約二ヶ月は緩和ケア病棟に入院しましたが、その後の葬儀についても、私の感謝も込めて妻にふさわしいと思う、できるだけのことをしてやりたいと思いました。これらは、ある意味臨時の出費でした。実はこの期間、このような生活で良いのだろうかという不安を感じていましたが、後悔しないためにもという気持ちが勝りました。

妻の相続関連の事務が全て終了し、臨時的な出費が出なくなってから初めて日常の生活経費がどれだけなのかが、ぼんやりと見えてきました。ここまでに至るのに、正直一年以上かかりました。

いよいよ、独りで家計を管理せねばならなくなったわけです。

ATMに翻弄される

通帳、印鑑、キャッシュカードなどの所在は、元気な間に妻が教えてくれていました。もっとも私は人生で一度もＡＴＭというものを使った経験がありません。

そこで、妻から段階的に特訓を受けました。

まずは、通帳への記帳に行ってきなさい。次に、〇〇円引き出してきなさい。次は、入金してきてください。そして最後の特訓が、ＡＴＭを使っての振り込みの練習です。一度思い切ってやってみると、それほど難しいものではありません。

しかし、妻の指示で練習していた時とは異なり、いざ一人になって銀行に出かけますと、いろいろと教えてもらったのとは違うことが発生します。

例えば、記帳をしに出かけますと、いつもの表示が出ずに、「窓口にお越しください」と案内が表示されました。通帳が一杯になって、新しい通帳になるようです。

またある日、振り込みができず、「窓口にお越しください」とまたまた表示されました。そこで初めて一回の振込金額と一日の合計振込金額の制限があることを教えられました。

限度額を引き上げられますかと聞かれますが、万一の事故などを考えると、そのままにしておいた方がよさそうでした。そこで、通帳と印鑑を使って振り込もうとするのですが、今度は銀行の方が親切にATMでの振り込みの方が手数料がお安いですよと教えてくださいます。妻が全てをしてくれていた時に、手数料の金額は全く考えていませんでした。これ以後、振込先の銀行に応じてどちらの銀行口座から振り込むと手数料が安いのかなどということを考えるようになりました。

このようにして、徐々に特訓の甲斐があり、銀行でATMを平静な気持ちで使いこなせるようになりました。しかし、妻の特訓プログラムにないことが起こりました。それは郵便局での郵便振替です。郵便局に出かけますと、ゆうちょ銀行の入出金は、他の銀行のATMと同じですが、いわゆる郵便振替のやり方が少し異なるようです。あらかじめ記入した振り込み用紙を、銀行のATMにはない差し込み口に挿入して振り込むことをやっと理解できるようになりました。

恥ずかしいことですが、古希という歳になって、初めてATMが使えるようになりました。

✦ 咲かなくなったミモザ

一年を通じて独りで生活しますと、家の管理についてもいろいろなことが見えてきます。家そのものの補修や管理のような大きなことから、庭や植木の管理に始まり、小さいところでは、トイレットペーパーの補充などまで、様々なことに気を配っておかねばなりません。妻が元気な時は全てしてくれていたのでしょう。気楽に生活し、それが当たり前のように思っていましたが、自分で全て管理せねばならないようになると、今まで全く気づかなかったことが沢山ありました。

精神的に余裕がなく、昨年は殊《こと》のほか暑く雨が少なかったためかもしれませんが、庭の草木が次から次へと弱ってきていました。妻が植えて大好きだったミモザは、二階の高さぐらいにまで成長し、きれいな黄色い花を咲かせて楽しませてくれていましたが、妻が居なくなると突然上の半分が枯れてしまいました。今では、高さがかつての半分ほどになっていますし、今年はあの黄色い花がほとんど咲きません。

まるで「私の仕事は終わったよ」と言っているかのようです。

芝生にも雑草が生い茂ります。家の中の整理整頓で精一杯で、とても庭の手入れまで手が回りません。そういえば雨が上がった後などよく妻は庭に出て「雨上がりの時が一番草を抜きやすいのよ」と言って、草刈りをしていたものでした。今の私には、草刈りなどまで手を回す余裕は全くありません。家の中にこもると、色々と思い出に耽って鬱な気分になり、何も手につきません。それではいけないと、頼まれた講演などを積極的に引き受けると、家にいる時間が少なく、家のことは全くはかどりません。

妻の一周忌を機会に、植木屋さんに電話して庭の手入れをしてもらいましたが、毎日の水やりや雑草取りなどの作業をしていませんので、以前のような勢いはもうありません。いつまで私自身がこの家に住んでいられるのかは分かりません。私もいずれ近い将来、妻との生活の思い出が詰まったこの家を離れ、旅立たねばならないでしょう。無駄なことだとは理性では分かっていますが、植木屋さんにお願いして、枯れた植木を入れ替えてもらいました。もう一度妻が楽しんでいたような元気な庭にしたいなと思っています。

消える電球、色褪せる外壁

一方、家の中でもいろいろなことが起こります。ちょうど一年経った頃から、いろんな場所で乾電池が切れてきました。家の中には結構たくさん、乾電池で動いているものがあることに気づきました。

ある日、時計が止まっていました。そこで電池を交換しましたが、二週間ほどするとまた別の時計が止まります。どうも一年に一度乾電池を交換せねばならないようです。ですから、一年経つと家中で、電池交換の作業をせねばならなくなるのだということが分かりました。

妻がしてくれていた家を管理して維持するということは、このような些細なことを一つ一つ解決していくことなのでしょう。

同じように、色々な場所で、電球が切れます。妻が元気な時に、一部はＬＥＤの電球に換えましたが、昔からの白熱電球や蛍光灯の分の交換が必要となってきます。交換そのものは、大して時間をとりませんが、天井から吊り下げられている電灯の電球交換を脚立を持ち出して一人で作業すると結構大変なものです。いつも妻が助けてくれ、下で受け取ってくれていましたから、脚立に一度乗ると降りないで最後まで作業ができました。しかし一人で行うと、いちいち下に降りねばなりません。交換の不要なＬＥＤに全て交換しようかなと考えています。

家そのものの管理も大変です。

十年ほど前に家の外壁の塗装をし直しました。外から見ると、色合いが変化し、そろそろもう一度塗装せねばならない時期が来ているなと感じます。しかし、相場というのが分かりません。見積を作ってもらうと、考えていたのと桁違いなのにびっくりしました。でも友人たちから、その程度だよ、と言われましたので、外壁の塗装を依頼しようと思いましたが、講演などで出かけることが多く、工事をお願いしても家にいることができません。

なるほど、一人で生活しているとこのようなことが案外問題となるものです。

✦マーフィーの法則

もう一つ管理という観点から大変なことがあります。

一見実につまらないことなのですが、トイレットペーパーやティッシュペーパーなどの消耗品のストックです。夜中にこれらのものが切れると大変です。今はコンビニという便利なものがあり、夜中でも手に入りますが、それでも冬の寒い中、服を着替えて出かける気にはなりません。残りの数を把握しておいて、スーパーやホームセンターに出かけた時に、買い足しておくことが肝心だということを学びました。

暖房のための灯油の管理も大切です。妻が存命の時は、ストーブの灯油が切れると、「灯油がないよ」といえば、妻が外に出てどんな寒い日でも灯油を入れてきてくれました。在庫の灯油がなくなった時だけ、妻の指示で私が買いに行けばよかったのです。しかし一人で生活すると、外がどんなに寒くとも、自分で補給しに出ないと家の中は寒いままです。そこで思い切って外に出ていざ補給しようとすると、ポリタンクの中には少ししか灯油が残っていない。ここで学んだことは、冬場は幾つかのポリタンクにいつも一杯の灯油を求めておくことと、昼間の暖かいうちにストーブのタンクを一杯にしておくことでした。また、タンク一杯の灯油で何日間燃やし続けられるのかも経験的に分かるようになってきましたし、持ち上げればどの程度残っているのかも分かるようになってきました。妻が元気でいてくれれば、生涯経験することがなかったことかもしれません。

研究室で若い先生にいつも教えていたことの一つが、常に試薬や研究用消耗品の在庫管理に気をつけることが研究成功の第一歩だということでした。「マーフィーの法則」というのがあります。起こってほしくない時に、起こってほしくないことが必ず起こるという法則です。例えば、急に雨が降ってきた時に限って、いつもはある置き傘がなかったりする。研究を行うためには、在庫切れというのが一番注意すべき問題です。かといって研究費が無尽蔵にあるわけではありません。マーフィーの法則が働かないように、常に最低必要な物品を確保して管理しておくことが大切なのです。大学を卒業後何十年と研究を行い、身につけていたはずの在庫管理ですが、いざ家の中のこととなると全く把握しておらず、一から学ばねばならなかったというのは皮肉です。

一人で生活をしますと、家の管理一つをとっても、その舞台の裏では大小様々なことがあり、今までは妻が準備し、整えてくれていた家の中で、快適に生活し論文を書いたりしていたのだと改めて感じました。今はまだまだ健康に動けて働けますが、適当な時期に大胆な断捨離を行い、色々な意味で身軽にしておく必要があるなということを痛感していま す。

そのための第一歩として、マンションに移り、家の管理という作業を最小限にすることも近々必要となるのではと考えています。

✦立つ鳥跡を濁さず

一人になって生き抜くために最低必要な家事全般は毎日のかなりの部分を占めます。しかしそれ以上に大変なのが、今まで妻が全てしてくれていたお付き合いです。

妻は十一月の初めから、自宅を離れ、緩和ケアの病棟に入院しましたが、その年のお歳暮をどうするかを、最後まで気にしていました。自分で選んでお送りできないこと、送り状を書けないことなどが気持ちの上で負担にはなっていたようです。デパートからは、前年までのデータが送られてきます。そこで、今までと全く同じようにせねばと思い、デパートには、前年通りにお送りするようにお願いしました。しかし、刻一刻と近づいてくる妻との別れの中で、送り状や頂戴《ちょうだい》したお歳暮のお礼状などを私は書く気持ちの余裕も時間的な余裕も全くありませんでした。妻が元気でこれらの仕事をこなしていてくれた時とは異なり、先方に対して大変失礼なことになってしまったことが、私にとっての一つの後悔です。

十二月に亡くなりましたので、次の大仕事が喪中はがきの作成と差し出しでした。幸い住所管理ソフトを妻と二人で共有して使っていましたので、ある程度の差し上げるべき方のリストは分かります。とにかく出せる範囲で全ての方々にお知らせする方が良いのではと考えました。それと同時に会葬御礼の手紙を出さねばなりません。失礼があってはと、かなり神経を使いましたが、それでも新年を迎えると、年賀状を頂戴します。お一人お一人へ、喪中であることをお知らせして失礼を詫びる作業が続きます。本来なら、寒中見舞いという形で、改めてご挨拶すべきかもしれませんが、妻を失って一ヶ月余りの状態でとてもそこまでの力はありませんでした。

あっという間に時は巡り、お中元の季節になりました。少し時間が経ちましたので、今後のことを考える余裕が出てきました。私の関係の皆様には、今まで通りにお送りさせていただくことにしました。しかし分からないのが、妻の関係の方です。妻がいなくなった今、私の名前でお送りするのが良いのか、この際止める方が良いのかずいぶん悩みました。闘病中からずっと献身的に妻を支えてくださっていた同級生の皆様に、まさかお中元はどうしましょうと伺うこともできません。いつも妻との会話で耳にしていた親しい方々のお名前は分かりますが、送付リストの中には、私では判断できないお名前が幾つもあります。

結局、妻の名前でお送りしていた方々には、かえってご迷惑ではと考えこのお中元からお送りするのを止めました。

妻は私が先に逝き自分が残ることを当然のことと想定していたのでしょう。住所録のソフトを開けてみますと、私の知人のメモ欄にかなり詳しく私との関係を書き込んでいます。そう言えば、いつも「○○さんとはいつの時代のお付き合い？」などとよく聞かれたものでした。私の人生でどの時代のどのようなお付き合いであったかを聞き、メモとして入力していました。しかし、妻の知人のところには、ほとんど記載がありません。妻の頭の中に関係や思い出があるのですから、ソフトに入力する必要は全くないのです。

しかし、私の方が残された状況になると、これは大変困ったことです。今までの妻との会話や、住所などからどのような関係の方であったのかを推測するしかありません。多分この段階で幾人かの方とはご縁が切れてしまったかもしれません。妻には申し訳ない気持ちですが、これればかりはどうしようもないことと諦めてもらうしかありません。

このような経験をしましたので、私自身が亡くなった後、残された人たちが困らないようにしておかねばならないと思うようになりました。特に連絡先のリストは大切です。そ

うぃえば、遠くに住んでいます長男から、

「お父さんが死んだ時に、最低限、誰と誰には連絡するかは、はっきりしておいてくださいね」

と言われたことを思い出しました。

お付き合いが生まれるたびに入力していたお名前が今のところ三千件ほどありますが、時間を見つけては、もう亡くなってしまった方、今も連絡を取り合っている方、長年疎遠の方などと分類しながら、その方々との関係を懐かしく思い出しながら、住所録ソフトのメモ欄に記入する作業を開始しました。ゆっくりですが、整理し終えるまでの時間が私にはまだあると思っています。

懐かしいお名前を見て、その方と関わりのあった時代を思い出しながらメモを作るという作業は思いの外、時間をとります。自分自身の残された人生の時間の中で、またお目にかかることがあるのだろうか、とも考え込みます。

この歳になってきますと、何かにつけてスリムにしていかねばならないと考えました。そこで、思い切ってお付き合いの断捨離を試みています。

多分とんでもない失礼なことをしているのかもしれませんが、私がいなくなった後、残された者が悩むことを考えると、自分自身の経験からも、しっかり断捨離をしておかねばと思います。

七十年という歳月のどこかで出会った懐かしい方々とのご縁は、なかなか簡単には切れないものですが、この歳になれば、勇気を持って不義理をしていかねばなりません。皆様方も理解して許してくださるでしょう。

第二章

男やもめが生きぬくための七つのルール

古希を過ぎ妻に先立たれたオトコが残された人生を独りで愉しく生きていくためには、幾つかのコツや方法があります。

年齢を重ねるにつれ体の動きだけではなく、気持ちの持ち方も弱々しくなり、徐々に何かにつけて鈍くなってきます。独りで生活していると、心を許し合える人と感動を分かち合えないのが一番辛いことです。そのうち感動する力が弱まり、だんだんと心が涸《か》れてきます。気持ちが落ち込めば、すぐに体の動きも億劫になり、行動が更に鈍くなります。

とにかく、家に籠もらないで、外へ出て行くことがとても大切です。自ら動かないと何も進みません。体の動きと心や情感の動きのバランスをいかに取るかということが、第一義的に大切となります。

I——失ったことを数えるな

古希を過ぎますと、確かに急激に体力が弱ってきます。若い時のように行動することが出来にくくなってきます。筋力とともに、反射力や瞬発力などの運動神経の働きも衰えてきます。その上、連れ添った妻を亡くし、独りになりますと気力も弱くなり、心が涸れてきます。そうなると周りの方々が、何かと気を使ってくださいます。つい誰かに甘えたくなるものです。しかしここで出来るだけ自分のことは自分で行うという気持ち、「自立の気持ち」を強く持つことが大切です。具体的には、

1　自分自身の身の回りを整え、家事をこなして家の中を小綺麗に保つこと
2　出来るだけ望まれた仕事に積極的に参加し、世の中との接点を豊富にして社会との関わりを持ち続けること
3　元気で働ける限り働いて生活費を確保し経済的にも自立すること
4　自分なりの死生観を持ち、死後の準備を自分の手でしていくこと

などだと思います。

自立するためには、まず自分自身の心身の状態を客観的にとらえて、伴侶を失ったこと、体力を失ったことなどを明確に自覚することがその第一歩です。「若い時にはできたのにな」「妻がいたらな」などと失ったことを数えていては自立できません。

家事をきちっと行い、清潔で整理整頓された家の環境を守り、身づくろいをし、規則正しい生活をすることは、古希を過ぎると益々基本的な大切なことになります。外観的な見栄えも年相応に衰えてきますから、流行《はや》りのものや高価なものを身につける必要はありませんが、こざっぱりとした清潔な服装を心がけることが大切です。

先に述べましたように、私は一人になってから、徐々に家事を覚えてきています。でも古希を過ぎてから始めたのでは、思うような速度で学んでいくことはできません。また妻の思い出などにとらわれて、私自身一年半が経った今も妻を亡くしたショックから立ち直っていないのが実情で、完全に家を管理できるまでには時間がかかりそうです。

ただ、毎日の料理作りにしても掃除にしても洗濯にしても、**簡素な生活に切り替えてい**

けばいくほど楽だということを学びました。妻と二人で生活していた時には必要だったかもしれない家具なども、一人になると一年間一度も使わない物があることに気付きます。自分自身の人生を振り返りながら、残りの人生で使わない物や不必要な物を断捨離していくことが、身の回りの整理には必要です。しかし、いろいろな思い出や、いつかはまた必要かもしれないという想いなどが邪魔してなかなか断捨離は進まないものです。

それでも、自分自身の生活を自立的なものにしようとするためには、できるだけ簡素な生活方式に変えていく努力は必要です。家の中の家具や置物などが減るとそれだけで掃除も楽になってきます。少しずつ妻がしてくれていたことを、自分自身でできるようになりながら、同時に、新しく自分なりのやり方を取り入れながら家事や生活の仕方を変えていき、基本的に身の回りのことはどなたの助けがなくても一人でできるように、自立して生きられることを目指して生活しています。

仕事に限らず様々な社会活動に参加するなど社会との関わりを保つことも極めて大切です。若い時のように猛烈に働くことはできませんが、もし私の知識なり経験が役に立つということで求められれば、積極的に出て行くことを心がけています。その仕事が有給であれ、名誉職的な無給の仕事であれ、まだまだ世の中が私を必要としてくださっているということを嬉しく思いますし、自分自身の自立につながります。

診療でも、若い時とは異なる見え方ができるようになってきました。眼科では、老視に始まり白内障などの加齢に伴う病気があります。自分自身がこのような加齢による病気に無縁であった時とは異なり、今では知識としての病気ではなく、自らが経験している身近な問題として意識し始めています。患者さんへの説明の仕方一つにしても変わってきます。若い頃に比較して、患者さんへの共感が強くなってきます。そのため、老医師として、多少患者さんのお役に立っているのではとも思います。

若い次世代の研究者たちが、新しい研究手段で新しい考え方を示しておられます。間違いなく医学や科学の進歩です。できるだけ新しい知識を吸収しようと努力していますが、自分自身で研究をすることがなくなりましたので、どうしても評論家的な知識にならざるをえません。そのうちに、だんだんと眼科学の専門領域での講演の機会は減ってくるでしょう。

ただ一般の皆さんを対象とした市民公開講座などでは、かえって私のように年を経た人間がお話しする方が良い場合もあるようです。若い時とは異なる視点で、些細なことを省き、より大切で大きな問題点を明確にしてお話しすることができるようになってきたからです。現役の研究者であった時のような講演はもうできませんが、年相応に皆さんのお役に立つことはできるのではと考え、依頼があればお断りせずに出かけます。私にとって、社会との接点を保ち自立する助けとなります。

体が動く元気な間は可能な限り働いて生活費を手に入れ、子供達に依存しなくても良いように努力することも大切です。勿論、いつまでも働けるわけではなく、いずれ年金などの公的な収入や貯蓄の取り崩しなどが必要になるでしょう。最後には、子供達に助けを求めることになるかもしれません。また、歳をとりますと医療費などの出費がどうしても増えてきます。最期を病院で迎えるのであれば、それなりの準備が必要です。永年掛けていた生命保険や入院時などに支給される保険も、給付を受けるようになって初めて有難さを感じます。家計の管理をしっかりしながら、元気な限りできるだけ働くことが大切で、自立につながると考えます。

これらは、いつか訪れる自分の死の時まで、残された人生をどのように生きるかという観点の事柄です。
一方で、**自分自身の人生の終着駅を意識して、どのように死を迎えるか**を考えることも自立するために大切なことです。

若い時に考えていた「死」というイメージは、妻を亡くし独りになると大きく崩れていきました。妻が元気な時には、「まだ死にたくない。まだ死ねない」という気持ちをとても強く持っていましたが、妻がいなくなり独りになりますと、死はより自分自身の身近な問題と感じます。妻を見送って、この世に残していく者がいなくなり、自分の死後、何も心配することがないという状態になりますと、死生観が変化してきます。

自立するということは、受動的に死を迎え、受け入れるのではなく、**どのような死を迎えるのかをイメージしながら、死と対峙《たいじ》する**ことであると思います。
そのためには、様々な宗教が教えてくれることや先輩たちの生き方などを参考にしながら、自分なりのイメージを作り上げ、その実現のために積極的に生きていくことです。いわば精神的なあるいは霊的な自立を図ることでしょう。若い頃は、地位を求め、その分野での政治力を求め、少しでも多くの収入を求めて、ひたすら生きてきましたが、古希を過ぎ、しかも色々な喜びを分かち合える人が少なくなってくると、これらのことは人生での意味をほとんど持たなくなってくるものです。

七十年の年月をかけて数々の失敗をしながらも、学んできた人生の意味について、深く考える時間を持ち、心を豊かに保ち、来るべき日のためにしっかりと準備することも、自立して生きるということに繋がるのだと思います。

2――独りぼっちになるな

ずっと支えてくれていた妻がいなくなりますと、いくら覚悟はしていたと言っても、喪失感はとても強く、独りぼっちになったように感じます。ある意味でその通りです。しかし、私への最後の手紙に書いてあったように、肉体はもう存在しませんが、妻はいつも私の傍《そば》にいてくれるはずです。妻と次に会った時に、人生の残された時間を愉しく凛として生き抜いたよと自慢するためには、決して独りぼっちではないことをしっかりと認識することが大切です。死後も私の傍に寄り添ってくれている妻に加えて、実に多くの人たちが私のことを心配してくださっています。かつて妻がしてくれていたようなことを何もかも全て期待することはできませんし、それは甘えです。でも仕事の面で、家事の面で、心のケアの面で、健康の面でと、様々な生活の断面には、それぞれに一生懸命助けて支えようとしてくださる方がいます。最初は少し遠慮していましたが、今ではそのような方に、遠慮せずに素直に甘えることが大切だと思い始めました。

古希を迎えるまでの長い人生の間には、いろいろなことがありました。

今更、先妻との間の子供達を頼ろうとは、決して思いません。心の中では、楽しそうに孫たちの話をしている同世代の人々を見ると、羨ましいなと思うことは正直あります。しかし、子供達が別れた先妻と共に生活することになった時点で、今日のことは覚悟していましたから、意地でも決して頼ろうとはしないぞと、心に固く決めていました。

妻は、いよいよ自分の死期が近づいてきたことを感じ始めた時に、どうしても私の長男に会いたいと言いだしました。妻はずっと私と子供達の関係を修復したいと願っていたのだと思います。妻がこのような状態だから、今更私が長男を頼っていると思われたくないというのが私の本心でしたので、この妻の望みだけは知らぬふりをして、あえて連絡を取りませんでした。それでもどうしても会いたいと申しますので、ある日思い切って連絡を取りました。忙しい診療の合間を縫って、長男はすぐに山口にまで飛んできてくれました。妻は、「自分がいなくなった後、お父さんのことをよろしくお願いします」と頼みました。長男も快く了解してくれました。そして何よりも私の死後の後始末をしてくれると約束してくれました。実は私もこれで内心ほっとしています。今まで、年賀状の交換だけしかしていなかった長男との間にある種の絆が生まれました。私が贈ったアクセサリーなどは、全てまとめてあり、「お父さんから頂いたものだから、あなたに引き継ぎます。ぜひ使ってください」と妻は長男の嫁に手渡しました。

それ以来、長男は時々孫たちの写真をメールで送ってくれるようになりました。また、探していた中古のオーディオのスピーカーが福岡市で見つかったから、一緒に見に行ってくれないかと連絡してきました。私も音楽が好きで、多少はオーディオに凝っていた時期がありましたので、長男が声をかけて誘ってくれたことはとても嬉しいことでした。長男と二人でオーディオショップに出かけました。

多分長男のお陰でしょうが、十年以上会ったことのなかった長女からもメールが来ました。私が東京によく来ているのなら、一度お会いしたいですとの内容です。早速日程を合わせて、長女夫妻と初めて会う三人の孫達と中華料理を一緒に食べました。一番上の孫は今年中学生で、三番目の娘は小学校に入学したとのことでした。真ん中の次男が、可愛い顔で興味深そうに初めて会う祖父を見つめてくれているのが印象的でした。素晴らしいご主人と巡り会え、三人の子供をもうけ、長女は幸せな家庭を築き上げているようですっかり安心しました。それ以来、長女夫妻が好きなワインを贈ったりしています。長女も何かと連絡をくれるようになりました。有難いことでした。

妻の最後の行動がなければ、私は今でも意地を張っていたでしょう。甘え過ぎて世話になることはないようにと自分自身戒めてはいますが、それでも心の奥深くで、子供達と何か繋がっているという実感を持てたことは幸せです。

美由樹先生は、何かにつけ細やかな心配をしてくださいます。真夏日の予報が出ると、「今日はくれぐれも水分補給をお忘れ無く」とショートメールを送ってくださいます。週に一度、病院に出かけ眼科診療をする際も横についてくださいますが、診療の合間に前の週の生活報告のような会話が続きます。調理の仕方、台所用品の選択、掃除のコツに始まり家事全般の私のお師匠様です。出かけない日でもショートメールで、毎日のように元気かどうか問いかけてくださいます。生存確認のメールです。肉親以上に心配してくださり、助けてくださることを心から感謝しています。メールで、「ここ二、三日は誰とも話をしていません。無言の行中です」と送りますと、夕方に、先生のお嬢ちゃんから、「今日はどうされていましたか?」と電話がかかってきました。多分私の無言の行を破らせようとのご配慮なのだと思います。とても有難いことです。
実は、妻の病床日記を読みなおしますと、『美由樹先生に自分が亡き後、西田をくれぐれもよろしくお願いします、とお願い出来てこれで安心した』との記述があります。最後の瞬間まで、妻は私が一人で残された後のことを心配して、私を支えてくださる方々の手配をしてくれていたのだと改めて感じました。

最後まで、妻は近くの病院で眼科医として時々手術をしていました。一緒に手術をしていた榎先生も、私が一人になってから何かと助けてくださいます。休みの日に他の教え子の先生と誘い合って、二人で自宅に来てくださり、部屋の片付けや掃除をしてくださり、シーツやカーテンを洗濯してくださいました。カーテンというものが、家の洗濯機で洗えるということを初めて知り、私にとっては大変な驚きでした。でもこうして一度教えていただくと、なんとなく楽しくなってきて、別の部屋のカーテンを自分で洗濯しようという気になります。

溝端さんは、週末に頻繁に訪ねて来てくださり、納戸の整理やゴミ捨てをはじめ私が一人で生活できるようにと家の中を片付けてくださいます。大してお役に立てたことはなかったのにと、申し訳なく思いますが、素直にご厚意に甘えることにしました。しかし溝端さんの献身的な助けがなければ、それこそ今頃は家中ゴミだらけで本当にゴミ屋敷の住人になっていたと思います。何よりも、片付けに来てくださることで、昔の懐かしい話をしながら、私自身も体を動かしますので、そのことがとても精神的にも大切なこととなります。いつまでも甘えなくて良いように頑張らねばと、生きることに前向きな気持ちが生まれてきます。有難いことです。

大学時代の一番の親友の兼田君は、飯塚市で内科医をしていますが、時々電話をかけてきてくれます。それが不思議と私が気持ちの上で落ち込み、心が折れそうになっている時に、かかってきます。一度福岡で一緒に食事をしようと言いながらも彼は開業医なので夜も診療があり、日程が合わず、未だに実現していません。それでも時々くれる電話で、「大丈夫か？　何かあればいつでも言ってこいよ」と言ってくれます。五十年にわたる交友関係で、短い会話の中にも、素直に甘えることのできる人がいるということを感じます。この言葉が、折れそうになる私の心をまた蘇らせてくれるのです。

このように本当に沢山の方々が、心配し、何かと助けてくださって一年半が過ぎて行きました。皆さんそれぞれにお忙しいのに申し訳ないという気持ちもあり、最初は遠慮する気持ちもありましたが、素直に厚意に甘え、一日でも早く独り立ちできるようになることが大切なのだと学びました。自分一人で生活しているようなつもりでいても、沢山の皆さんの支えがあることを感謝せねばなりません。

時には、亡き妻が私のサポーターグループを全て手配してくれていたのかなと感じます。皆さんのご支援に感謝するためにも、できるだけ覚悟を決めて閉じ籠もらないようにすることが大切です。

3――心豊かに生きよ

ただ食事をして毎日息をしているということでよければ、なんとか生き続けることはできます。

でも私の人生の収穫期を実り豊かなものにしてくれた妻は決してそのような生き方を望んでいないだろうと思います。妻が居なくなっても、人生の最後の幕が下りるまで最善を尽くし、凛として格好良く生きることを望んでいると思います。

生き物としてただ生きているという状態を維持するだけではなく、二人で共に過ごした時のように、心や感情を豊かに保ちながら生きねばなりません。

そのためには、工夫も必要です。ただ単に栄養補給としての食事を行うだけではなく、料理の楽しさを味わうことや、時には友人や心置きなく話ができる仲間と外で一緒に食事をすることも大切だと感じます。一人で生活していますと、ほとんどの食事はたった一人で食卓に向かい、話もせずに黙々といただきがちです。その点、外食をしますと、たとえ一人で出かけても板さんと話をしたり、何やかやと笑いながら楽しく食事をすることができます。単に家で作れない美味しい料理をいただいただけではなく、会話という料理をとても美味しくする調味料を思い切りかけての食事の素晴らしさを知りました。

音楽を家で聴いたり、時にはコンサートホールに出かけて、気に入った交響曲などを聴くことも、心の情感を保つのに大切です。妻が元気な時には、一緒に出かけ、色々とその夜の音楽の感想を語りながら食事をしたりしていました。

ただ幾つかの問題もあります。

一周忌を終え、年末から正月をどのようにして過ごそうか考えました。どこか温泉に出かけてゆっくりしたいなと考え、インターネットで宿を探します。**ところが宿泊予定者二人で入力するといくつもの素敵な宿が出てくるのですが、一人と入力した途端に、ほとんどの宿が消えてしまいます**。出てくるのは、いわゆるシティホテルだけです。それではいつもの出張の時と同じです。日本の宿は基本的に一部屋に二人が泊まるという前提で経営されていることに気づきました。

一人旅というのは案外やりにくいものです。

年末からお正月にかけて、行くところもなく家で一人過ごすのはあまりにも侘《わび》しく、寂しすぎるように感じました。そこで、色々と私なりに考えました。

「そうだ、ニューヨークに出かけよう」

ニューヨークという都会では、ありとあらゆる人種が生活していますし、また年齢も関係なく同じ通りを老若男女が歩いています。それに、音楽ホールや美術館、博物館などがたくさんあります。きっとニューヨークで年末を過ごすのが一番かなと考えました。しかし、沢山の観光客が日本から出かける年末年始の時期は、航空運賃も高くなります。自由に時間を使える年寄りの特権を使わない手はないと、航空運賃が上がる前の十二月の中旬に出かけ、皆さんが出かける前に帰国しようと考えました。ニューヨークの街はきっとクリスマスシーズンの飾りで一杯でしょうから、通りを歩き回るだけでもきっと楽しいはずです。

欧米では、クリスマスに楽しむ音楽の一つとして、ヘンデル作曲の「メサイヤ」がありますす。途中で鳴り響くトランペットの音はとても素晴らしく、天国から歓喜と祝福の音が流れてくるようです。そこでインターネットでニューヨーク・フィルハーモニックの公演予定を調べ、ちょうど「メサイヤ」が演奏されることを知り、チケットを購入しました。思い切ってクリスマス音楽三昧をしてみようという気になり、さらに調べますとニューヨーク・ポップスがカーネギー・ホールで楽しいクリスマス音楽を演奏するようですし、またニューヨーク・フィルハーモニックの管楽器と打楽器の奏者だけでクリスマス音楽を演奏する公演もあることを見つけました。

これらの全てのチケットを購入し、ニューヨークに出かけてきました。三日続けて異なった雰囲気の素晴らしいクリスマス音楽を楽しむことが出来ました。ニューヨークの街中はクリスマス仕様に飾られており、夜歩き回るときれいなイルミネーションにいつまでも見入って立ち止まってしまいました。ロックフェラー・センターの有名なクリスマスツリーは、いつ見ても美しく素晴らしいものでした。何よりも街中に流れているクリスマスの音楽は、明るく楽しいものですし、宗教的な音楽も心に沁みこんできました。一人で街を歩いていても寂しくなくクリスマスの雰囲気を楽しめました。

一日は、メトロポリタン美術館に出かけました。いつも見に行く印象派の絵画以外に、今回はエジプト美術の展示コーナーにも回り、様々な発掘品を見ました。今までの私なら、きっと見ずに通過していたでしょうが、自分の今まで見ていなかったものを見たくゆっくりと回りました。人類の文明初期の素晴らしい建造物の一部を見て、今まで味わったことのない感動を覚えました。

思い切ってニューヨークに出かけてとても良かったと思っています。ニューヨークという街は一人でいても寂しさを感じさせません。あるいは、最初から異国であると自分自身が認識しているために、異邦人としての心が働いているためかもしれません。次の年も出かけようと心に決めました。クリスマスシーズンは、ニューヨークで素晴らしい音楽を聴いて賑やかな街を歩き回ろうという目標が出来たことで、心が豊かになります。勿論そのために一所懸命働かねばなりませんが。年に一度か二度は、世界の素晴らしいオーケストラの音楽を聴くのは間違いなく心に沁みることを感じました。多分、古希を過ぎて比較的仕事に融通が利く年齢の特権かもしれません。このようにニューヨークでクリスマスを楽しんだ後では、年末年始を自宅で独り過ごしていても、何も寂しさを感じませんでした。

読書も独りで出来る心を豊かにする方法です。独りで生活していて、だれとも話をしな

くても、本を読むと著者と直接会話することが出来るのです。

年齢を重ねてきますと、自分が生まれ育ってきた日本という国についてもっと知りたくなってきます。特に私のように医学部という理科系の世界で過ごしたものにとっては、日本の歴史、日本の古典、日本人の霊性や宗教、日本の地理などについての本がとても新鮮に感じます。きっと、医学を学ぶ人間としての仕事はある程度終わったという気持ちと、自分のそれほど長くない先を考えてどのようにして日本人として死を迎えるのかということに興味が移ってきたのだと思います。沢山の本を手当たり次第に読みました。色々な考えの方がおられることがよく分かります。読み進むにつれ、自分なりの意見が徐々に形作られていきます。

医学部を卒業して以来、基本的に医学や科学に関する本ばかり読んできました。それどころか、高等学校の時代は、歴史や地理などは最も苦手でした。この年になって新しい分野の読書を展開していきますと、自分の中に新しい世界が広がってくるような気持ちになり「え！　僕ってこんな分野も好きなんだ！」と驚かされます。**自分自身の新たな性質や可能性を知る**ことだけでもとても楽しいものです。

何よりも妻の死という現実を経験した途端、この世に別れを告げることがどのような意味を持つのか、あの世はどうなっているのか、また妻と再会できるのだろうかなどの疑問が湧いてきます。私はカトリックを信じてきました。妻は浄土真宗です。このように信じる宗教が異なる場合、あの世ではどうなるのだろうかなど次から次へと疑問が湧いてきます。自然と読む本の内容も変化していきます。まだこれといった解答を手に入れるまでにはなっていませんが、今は人生最後の幕の下ろし方とあの世への行き方とあの世での生活を考えることが中心的な興味となってきています。

妻が元気な時には、読んだ本の内容を自分なりに消化して話すことが一つの楽しみでした。しかし、今はそれが出来ません。書物から手に入れた知識を本当に自分のものにするためにも、誰かに話をして深めていくことも大切です。そのためにも、家に籠もってただ本を読むだけではなく、心を許せる友人と様々なことを話すのが大切だと感じています。

先人の言葉の中に、

「書物を読みて理解し得るは理解の下位なり。自己の経験を拡充し得るは理解の中位なり。自己の経験と合して一体系を樹立し得るは理解の上位なり」

（市原明：「古武弥四郎先生語録」、『生化学』第55巻 9号、1983）

というのがあります。自分自身の人生の幕の下ろし方に関わるものですから、歳をとってきて恥ずかしながらやっとこの言葉の意味が分かるようになってきました。理解の上位は無理としても、自分の経験を広げられるように理解の中位までは行ければなと願っています。

古希を過ぎ、気持ちに体力がついていきませんが、それでも人生の最終の幕で心豊かな時を過ごせるようにするために、音楽や書物はとても大切です。

そして何よりも、**自分の周りにきっと居る、心を許しあえる方を探す**ことだと思います。

4——木を見ず、森を見よ

現在、社会で中心的な立場で活躍されておられる方々は、多分四十、五十歳代の方でしょう。まだまだ十分な体力があり、気力も満ちあふれており、そして十分な経験を積まれた、まさに人生の収穫期におられる方々です。考えてみれば私もそのような時期がありました。古希を迎えた私にとっては、懐かしくまたうらやましく思う人生の時期です。しかし定年を迎え、暫く大学の管理・運営に関わりましたが、完全に大学を離れてみますと、自分がもはや現役ではないということを実感します。

Retiredという言葉はなにかしらうら寂しいものを感じさせますが、裏返してみれば現役の時のような責任は持たなくて良いという気楽さがあります。

かつて私が指導した医師達は立派に育ち、大学でそして地域で頑張って医療や医学に貢献してくれています。しかも日進月歩の世界の中で、新しい手法や知識を取り入れて更に成長していっているのです。**現役の時のことを懐かしみ、いつまでも当時の人間関係を維持しようとするととてもストレスが大きくなってきます。「老いては子に従え」**という言葉がありますが、社会でも同じだということを感じます。
私自身が育てた教え子の先生が鮮やかな手術をするようになり、診断でも時に私と異なる意見を堂々と述べるようになりますと、嬉しさと同時に時には寂しさを感じます。しかしこのようにして私も若い頃に先輩の先生方を乗り越えてきたのでしょうし、この世の新陳代謝という一つの定めだということをまずしっかりと理解することが肝要だと思っています。

ただ現役でないからということで、家の中に閉じこもっていてはいけないと感じます。現役の時のように仕事をこなしていくことは確かにできないかもしれません。特に、最新の研究成果や知識を常に身につけようとしても、なかなか大変なことです。何よりも自分の周りから刺激してくれる若い人たちが減ってきます。自分自身も、体力を必要とする分野や視力を必要とする分野の能力は、かなり低下してきています。少しでも歩いたり、頑張ると疲れがドッと出るようになってきます。職業柄、適切なメガネを用意しているつもりでも、老視で本を読むのが辛くなってきます。若い頃のようなスピードで読むことができません。

しかしこのような**マイナス面は、逆に言えばプラス面にもなりうる**のです。細かいことを最新の知識で理解できないかもしれませんが、案外全体像は歳をとるほどよく見えてきます。「そういうことだったのか」と若い頃には分からなかったことが、突然理解できたりするのです。大きな流れやこれからの進むべき道筋など、各論が弱くなった分だけ幹の姿がよく見え始め、指し示すことができるようになってくると感じています。

「Patients believe in gray hair（患者さんは、白髪を信じる）」

というフレーズを昔アメリカでよく教えられました。経験の豊富な先輩の先生を患者さんが信頼するのは当たり前であると、若い頃はこのフレーズを頭では理解していたつもりでした。しかし実際に古希を過ぎ、自分自身の頭が真っ白になりますと、この言葉の持つ意味は単に臨床経験の多寡だけではなく人生に対する理解の深さを患者さんは医師に求めているのではないか、と実感としてやっと分かってきたような気がします。古希を迎える歳になると、患者さんの人生は私の人生とかなりの部分で重なってきます。同じような社会の変化を生きてきた者同士に通じるある種の共感があります。診断や治療の根拠は最新の医学に基づかねばなりません。ただ診断や治療法の選択にあたっては、その患者さんの人生の歴史を見つめること、その背景にある社会の移り変わりとの関わりを理解することが大切です。頭が白髪となり、患者さんと共有できる歴史が多くなればなるほど、人とその病気が理解できるようになります。このことが"Patients believe in gray hair"というフレーズの意味なのでしょう。

患者さんの訴えの本質はなんだろうと、考えられるようになってきました。幾つかの検査成績からそれぞれ導き出される結論を合わせれば、診断や治療方針が明らかになるとかつては考えていました。しかし歳をとってきますと、患者さんの一番の辛さや訴えを中心に考えるようになってきます。最善の治療法は、決して最新の治療法ではありません。患者さんの年齢によっても、選択は変わってきます。病気だけでは無く患者さんの全てを眺め、理解しようとし、幾つかある選択肢の中からその患者さんに最善のものを選ぶということが大切なのだと考えるようになりました。

研究でも同じです。今でも時々若い先生から英語の論文を見てくださいと頼まれることがあります。文法上の間違いなどの細かい点は、気になれば指摘します。しかしまず全体を強引にでも読み通しますと、論点がすっきりと一本筋が通っているか、それとも幾つかの論点が微妙に入り混じっていて、研究の目的や読者に対して訴えたいポイントが曖昧になっているかが、この歳になるとよく見えるようになってきました。

近畿大学時代に指導した三島弘先生をはじめ多くの弟子達が、今では立派に活躍しています。三島先生の下で研究している若い杉岡先生から突然連絡がありました。今行っている研究の結果について指導してくださいとのことです。私にとってはいわば孫弟子です。わざわざ大阪から山口まで出かけてきてくれました。実験成績を見せてもらい、一緒に、一つ一つその成績を評価し、持つ意味を考えていきます。そのうちに、どのような実験が足りないのか、何を追加して証明せねばならないのかなどが明確に見えてきます。とても頑張り屋の先生で、次に訪ねて来られた時にはきちっと追加の実験を行い、成績を持ってこられます。このような作業を繰り返しているうちに、論文としてまとめていく構想が自然と生まれてきました。幸運なことに、その研究結果はアメリカの眼科研究誌に受理されました。私にとっては久しぶりに真剣に研究と論文執筆の指導をしました。このような形でまだお役に立つと感じましたが、多分三島先生の西田をボケさせないためのご配慮だったのではと感謝しています。

若い時は「木を見て、森を見ず」だったのかもしれません。森のことなどは考えないで、一本でも大きなしっかりした立派な木を育てれば良いということだったような気がします。しかし、今では**「木を見ず、森を見る」**ということが出来るようになってきたと感じます。

このように、歳をとって現役を引退しても、それなりに社会にお役に立つ道はまだまだあるものです。

家に閉じこもらないで、積極的に外に出て行くことも大切です。特に妻に先立たれますと、悲しみや寂しさから、家の中で昔の楽しかった日々を懐古しがちですが、心身の健康のためにも、頼まれた仕事は引き受け社会に出て行くようにしようと考えています。それによって、大学を卒業してからの長い年月で社会で学んできた経験を、今日の社会に活用していただける道が開けてくるのではないでしょうか？

5 ——— 老いを受け入れよ

私は昭和二十二年に出生し、今年七十歳で古希を迎えました。

昭和二十二年の厚生省（現在の厚生労働省）の統計では、その年の平均寿命はちょうど五十歳でした。つまり五十年の人生として、私は生まれてきたのです。しかし、医学・医療の進歩、国土の衛生状態の改善や保険制度の充実などで、現在の日本の平均寿命は八十歳を超えています。つまり、五十年と思って生まれてきた人生のゴールが、年齢を重ねているうちに三十年近く延びたのです。世界でも有数の長寿国となり、私たちの人生の量は飛躍的に増えました。確かに現在の老人は元気です。しかし、生物種としての人間そのものは特に変わっているわけではありません。昔の二十歳も今の二十歳も生物学的にはほとんど同じです。

間違いなくこの延びた年月は働き盛りの体力や知力を持った時期では無く、問題は、**人生の量が増えたのと同じように人生の質が高まっているか**ということです。

古代インドでは、人生を「学生期《がくしょうき》」「家住期《かじゅうき》」「林住期《りんじゅうき》」「遊行期《ゆぎょうき》」の四つの時期に分け、それぞれの時期の人生における意義や意味を考えるそうです。五木寛之氏は、中国の四神思想と対応させ、「学生期」を「青春」、「家住期」を「朱夏」、「林住期」を「白秋」、そして「遊行期」を「玄冬」と当てて考えておられます。

（五木寛之：『林住期』、幻冬舎文庫、２００８）
（五木寛之：『孤独のすすめ』、中公新書ラクレ、２０１７）

寿命が延びたということは、それぞれの時期が延びたのではなく、人生五十年の時代には経験することが出来なかった遊行期を、今日では過ごすことが出来るようになってきたということではないでしょうか。体力や知力を考えますと、間違いなく質の低下した老いた人生の時間が、自分自身の目の前に存在しているだけです。

私は、六十三歳の時に医学部の眼科学教室の教授を定年で退任しました。それまでは、朝から夜遅く、時には深夜に及ぶまで、診療、研究そして若い先生方の指導をするという生活でした。国内外の学会での講演を頼まれ、ほとんどの週末はどこかに旅していました。年末正月を除けば、土曜日と日曜日の二日とも家で過ごすということは一年に一度か二度という生活でした。若かったから出来た無茶な生活だと今は思います。その後三年半ほど大学の副学長として、大学の管理・運営に携わりました。この期間は、九時から五時の勤務でしたから、比較的規則正しい生活をしていたと思います。

大学を完全に離れてからは、週に二日ほど診療に出かけるだけで、時間的には比較的余裕のある生活をするつもりでしたが、日本アイバンク協会の常務理事として、全国で角膜移植のための献眼を啓発する仕事に飛び回ることになりました。それでも、現職の医学部教授の時期に比べると、かなり自由な時間が生まれました。

還暦を過ぎ、古希を迎えたあたりから間違いなく体力が低下してきていることを自分自身感じます。今まで出来ていたことが出来なくなるだけではなく、まず気力的な面で弱くなってきます。色々な作業の速度がずっと遅くなってきます。若い時なら、これぐらいのことは一晩で出来たのにと考えれば考えるほど、自分自身の能力の低下に苛立《いらだ》ち、ますます歳をとってきていることを感じます。目も老視のために、本を読む時、コンピュータのディスプレイを見る時、手元のキーボードを見る時、それぞれのメガネを用意せねばならなくなってきています。

最初は、この老化に抗《あらが》おうともがいていました。しかしある時から、**抗うのではなく老化と一緒に歩めば良いのだ**と考えるようになってきました。作業の速度が遅くなってきましたが、逆に時間をかければ良いことですし、また現役から引退していますと時間はかなり余裕が出来ています。

近年、「アンチエージング（抗加齢、anti-aging）」という考えがさかんにいわれています。古くは秦の始皇帝が不老不死を求めたように、アンチエージングは人類の一つの夢でしょう。ただ、実際に自分自身が歳をとってきますと、**加齢（aging）というのは抗うものではない**ということに気が付いてきました。**加齢に伴う変化を受け入れ加齢とともに生きていく「老いとともに（com-aging）」という考え方が自然であり、大切である**と考えます。加齢を敵に回さず友として、自分自身の人生が意義あるものとなるように、限られた時間のなかで努めていくことが生きるということではないでしょうか。単に外観の若さを留《とど》めるだけではなく、年を経た内面の豊かさを重ねることができればと願っています。

歳をとると間違いなく能力は低下してきますが、次の世代に夢を託すこと、世代を超えて夢を継いでいくことが、有限の世界を生きる私たちにできる真の不老不死ではないかと考えます。個体は滅びても人類が生き続け知恵が継承されるために、いつかは実を結ぶことを信じてただひたすらに種をまき、水をやって、次の世代へと継承しようとする心が大切です。病気の考え方や研究のテーマには時代の流れがあることは確かです。しかしながら、はやりすたりとは異なる原理原則を探求したテーマこそが時代を超えて残る仕事であり、次の世代に夢を託せる仕事であると信じています。これからますます外観は見苦しくなり若い方のようには行動できないにしても、次の世代に夢を語り示せるように年を重ねていきたく思います。

その意味で、私は抗加齢（anti-aging）という言葉が嫌いです。**抗うのではなく、ともに歩むという姿勢（com-aging）、年齢とともにという考え方が大切なのだ**と考えるようになりました。

（西田輝夫：「Com-Aging（老いを友に）」、『臨床眼科』61：44–45、２００７）

歳をとっていきますと、ワクワクする気持ちや感動する気持ちが少しずつ弱くなってきます。しかも一人で生活していますと、何かにつけて慎重になり、新しいことに踏み込むことは益々なくなります。生き甲斐やり甲斐に向かって、エネルギーをぶつけるのには、やはりワクワク感が大切だと痛感します。

一方で、若い時には、自分の未来には無限の時間があり、様々な可能性が開けており、どの道を歩むかは自分の努力次第で選べるのだという気持ちがありました。しかし歳をとりますと、新しい社会との関わりを作ろうとしても、残された限られた時間の中でどこまでできるかということをつい考えてしまいます。そうなると新しい可能性を求めようとする気持ちが、萎縮してしまうのです。色々な側面で、新しい社会との関係や新しい人間関係を作ることに臆病になってしまいます。世間では、人間が枯れてきたと言って、立派なことのように言いますが、本人の心の中では、何とも言えない虚しさを感じています。このような気持ちの中で、なんとかワクワクする気持ちを持ち続けることは、なかなか難しいものです。

妻は死ぬ少し前に、
「私が死んだら、中洲の若いお嬢さん方と楽しく遊んで過ごすのよ」
と申しました。どなたに話しても、「そんなことを奥様が言うわけがないでしょう。先生の作り話でしょう」と信じてもらえません。

一周忌が終わる頃までは、本当に悲しみに浸っていました。しかしもう二度と妻が戻ってこないということを、理性だけではなく感性でも分かるようになってきました。同時に、人肌の温もりがない生活がとても寂しいものだと感じ始めています。確かに沢山の皆さんに助けていただき、心の繋がりや温もりは十分すぎるほどに感じます。でも同時に、肌で感じる体温の温もりが欲しくなるものです。案外異性の存在というのが、この心の寂しさを埋めるのに大切なのかなと思い始めました。

妻が伝えたかったことは、**ワクワク感を持って生きなさい**ということだったのでしょう。

6——緊急時に備えよ

古希を過ぎたオトコが、一人で生活している時に幾つかのとても気がかりなことがあります。

一つは火の不始末で、もう一つは病気と怪我です。一人ですと私が出かけている間誰も家に居ませんから、宅配便や書留の受け取りも案外気になるものです。ある意味で、様々な緊急時を想定して準備しておくことが、大切です。

幸いお隣のご夫婦がとても素晴らしい方々で、長期に留守にしている時など何かと心配してくださいます。ホームセキュリティをお願いしており、これも心の平安を保つのに役立ちますが、ご近所とのお付き合いというのも大切です。都会と違い地方に住んでいるからこそできることかもしれません。

＋火の不始末

一人で生活して、一番気をつけていることは、火の不始末です。出火すると自分だけではなく、ご近所にも大変な迷惑をかけることになります。神経質なまでに火に気をつけねばなりません。

若い時と違い、うっかり火にかけていたことを忘れてしまうことがあるものです。幸い台所はＩＨなので、直火はありません。しかしこの一年で四、五回ほどスイッチを切るのを忘れて空焚きをしてしまいました。そのままじっとコンロの前にいれば良いのですが、つい他の作業をしてそちらに夢中になってしまいます。温めが終わったらまずスイッチを切ることと、いつも心の中で唱えているつもりでもうっかりするものです。

火事だけは出してはならないと、灯油のストーブもとても気にかけています。エアコンの暖房にすれば火の心配は要りませんので、できるだけエアコンで暖をとるようにしているつもりです。しかしエアコンでは暖める力が少し弱いことや部屋の中に空気の流れが生じ、寒さを感じることがあります。ストーブから出るあのなんとも言えない心まで沁みるような暖かさを求めずにはいられません。**一人で生活する時に、一番飢えているのはあの**

暖かさかもしれません。

心を温めるものとして、キャンドルの光も大好きです。妻が元気な時には、時々キャンドルに火を灯《とも》して、楽しむのが二人とも好きでした。ヨーロッパに旅行した時など素敵なキャンドルを求めてきたものでした。しかし一人になると、火を灯すのは良いのですが、うっかり消し忘れてはいけないとの思いから、思い切ってキャンドルは全て処分することにしました。大げさですが、人生でもう二度とあのキャンドルを楽しむ時間がなくなるのかと考えると少し寂しくなってきますが、火を出すことのリスクを考えると止むを得ないことだと自分を納得させました。仏壇の蠟燭《ろうそく》も気にせねばなりません。お線香に火をつけるとすぐに蠟燭は消すようになりました。

最近の電化製品は、色々と音を出します。冷蔵庫の扉が半開きだとピーピーと警告の音が出ますし、電子レンジも洗濯機も終了すると音で知らせてくれます。そのうち、音にとても敏感になってきます。少しでも聞いたことのない音が聞こえると、すぐにその音の元を探さねばなりません。たまに何かを忘れていての警告ということがありますので。それ以外にも外の風や車の通る音など、何かにつけて敏感になってきてしまいました。二人で生活している時は、気にしないような音も、一人になると何かにつけて敏感になってきますし、ある意味心が休まらなくなってきます。

宅配便の受け取り

もう一つ困るのは、宅配便や書留の配達です。二人で生活している時は、どちらかが家に居て、受け取ることができます。一人ではそのような訳にはいかず、不在のたびに再配達に来ていただかなければならなくなります。一日留守にして夕方帰ってくると、不在配達の紙が入っていたりします。宅配業者により再配達の頼み方が少し違います。ゆうパックは、インターネットで再配達をお願いする仕方を覚えました。しかし私が家にいる時を指定して、再配達をお願いせねばなりませんから、実は気を使います。また朝早い日には、八時三十分頃に配達に来られます。昼間留守にしていることが多いものですから、夜も九時頃に来られる時もあります。家にいる時は、朝から夜九時までは、いつでも受け取れるようにしておかねばなりません。シャワーを浴びたりするのが、どうしてもその後になります。また配達に来て貰えば良いといえばそれまでですが、結構宅配便の配達を受け取るというのは、大変なことです。

歳をとって、重いものを運ぶのが苦痛になってきました。以前のように、スーパーで一箱単位でミネラルウオーターや清涼飲料水を買って持って帰るのが苦痛になってきました。最近では、一本か二本運べる範囲で購入するようになりました。通信販売で買うと家まで運んでいただけるので、重宝していますが、受取日の指定をうまくしないと配達の方に迷惑をかけることになります。結構気を使うものです。

妻が家にいた時は、一旦帰宅すると完全にその保護下に入るようなもので、気を使わなくてもよく、楽だったのだなと今頃になって分かってきました。

健康の管理

もう一つ、一人で生活していて心配なことは病気と怪我です。若い頃からの不摂生で、成人病のカタログのような体ですので、心臓や脳にいつどのような発作が起こっても不思議ではありません。妻に先立たれ一人になってから、死ぬことはそれほど怖いものだとは思わなくなってきました。逆に一日でも早く呼びに来てくれないかなと望む気持ちもあるぐらいです。ただ、死に至る過程で、多くの皆さんにご迷惑をおかけすることだけが心配ですし、**見苦しい死に方だけはしたくない**との不安があります。家の中で何らかの発作を起こして、誰にも気づかれず死んでいたというのが一番のような気がします。

しかし、妻が死の数週間前に私に残してくれた最後の手紙の中の、「あなたにはまだミッション（使命）があります」という言葉が強く心に刺さります。神の計らいでその時が来るまで、全力で私がせねばならないミッションを果たすために、自分自身で健康を保ち、頭の状態を鮮明にしておかねばなりません。**人生が終わり妻とあの世で再会した時に、「あれからこれだけのことをしたよ」と自信を持って、そして少し自慢げに話す**ためにも、健康の管理は大切だと思っています。幸い素晴らしい循環器の先生と糖尿病の先生に巡り会え、私としては案外真面目に定期的に受診しています。しかし、いつ何時心臓発作が起こったり、脳梗塞になるとも限りません。独居しているわけですから、そのような緊急時に対応できるように、準備をしておかねばなりません。

✦大怪我に備え緊急入院用カバンを

断捨離をしていく上で、色々な家具や物を運んだり移動させたりせねばならない時があります。

ある日、ＣＤプレーヤーとアンプを二階から一階に移動させようとしました。ＣＤプレーヤーは比較的軽く、注意しながら階段を下り、運ぶことができました。次にアンプを運ぼうとすると、これがとても重いのです。一瞬重い物を持ち上げて腰をやってはまずいと思いましたが、多分大丈夫だろうと、思い切って一息に運ぼうとしました。これが全ての失敗と後悔の始まりでした。

30kg以上もあるアンプを持って階段から落ちたら大変なことになると、とても注意して一段一段階段を慎重に下りて行きました。一段下りるたびに、重さがズドンとこたえてきます。それでも無事に階段を下りましたが、一階まで下りて一、二歩歩んだ途端に体のバランスを崩してしまい足がふらつきました。「オット」と言う間もなく、頭から本箱にぶつかりました。額と口を怪我し、右手はアンプと本箱に挟まれました。額からは、ものすごい量の出血です。周りには誰もいません。とにかくこの出血を抑えねばとは考えましたが、そばにあるのは乾いた雑巾のみです。まずこの雑巾で押さえますが、全く止まりそうにはありません。台所まで歩いて行って、キッチンペーパーを使いますが止まりません。いくつかの引き出しを開けて、タオルを探しては、出血を止めようとしますが、なかなか止まりません。そのうちに、ふとこのまま出血が止まらなくて意識がなくなったらどうなるのだろうかと考え始めました。

一人で住んでいる人間が、このように事故に遭うとどうして良いのかが分からなくなるものです。家には誰もいません。救急車を呼ぶべきか？　でも救急車に乗ると病院の指定ができないかな？　まずどこの病院に行くか決めねば、などと考えました。隔週で、眼科の診療をしている病院が車で二十分ほどのところにあります。とにかくその病院の眼科部長の榎先生に電話をして、相談しようと決めました。電話をかけようとしますが、スマートフォンというのは、指を滑らせていろいろな項目を選んでいくものですので、指先が血で濡れていると認識されず画面が変わりません。電話番号を探し出すだけでも大変な作業でした。必死の思いでやっと電話をかけたら、診察中で電話に出られません。今度は病院の代表番号を探し、やっと榎先生につながりました。「準備しておきますから、すぐに来てください」と優しく言ってくださいました。

それから、さらに止血を試みますが、出血は完全には止まりません。次から次へと新しいタオルを用いて、少し出血が治まってきたところで、いつも頼んでいるタクシーに電話をしました。運転手さんに事情を話し、シートを汚さないようにバスタオルを敷いて、病院に向かってもらいました。病院に着きますと、車椅子を用意してくださっており、そのまま処置室に入りました。すぐに脳外科の先生が来てくださり、検査と額の傷の処置が始まりました。ストレッチャーに乗せられ、最初にCTの検査に向かいました。意識ははっきりしています。ストレッチャーから眺めると、天井がものすごい勢いで進んでいきます。今まで見たことのない景色です。出血が止まらない不安と共に、もうこのまま死んでも良いかなともふっと考えました。一人で生活していくと、これから先もこのようなことが何回か起こるのだろうなとも思いました。CT検査の結果、幸い頭の骨は折れておらず、脳の方の出血もないとのことで、皮膚の縫合だけで済むことになりました。

以前不整脈で緊急に入院した時がありましたが、その時は、妻が全てを準備して駆けつけてくれました。私はただベッドに横になり、主治医の先生の処置を受けるだけで、いろいろな書類の記入なども全て妻が行ってくれました。

今回は、怪我で緊急でしたし、何の準備もせずにただ縫合して止血をしていただいて直ぐに家に帰れるという軽い気持ちで病院に向かいました。ところが緊急の入院となりました。財布と家の鍵以外は何も持っていませんでした。有難いことに、榎先生や教え子の眼科の先生方が、洗面用具や、自宅から下着やパジャマを持って来てくださり、なんとか三週間近くの入院生活を送ることができました。「教え子ですから、当然のことです」と言って、実の家族以上に色々と世話をしてくださり、感謝以外にありませんでした。看護師、視能訓練士や診療秘書などの眼科のスタッフの皆さんが、朝夕勤務の合間に病室を訪ねてくださり、声をかけてくださいました。有難いことです。

自分の最後の場面を思い浮かべ、「結局は人生の最後まで、どなたかのお世話にならないといけないのだな」と痛感しました。

災害時の非常用持ち出し袋についてよくテレビなどで報道されています。一つのカバンや袋に必需品などをまとめておくことが大切だと思います。古希を過ぎますと緊急に入院せねばならない事態になる可能性がとても高くなります。実際怪我をして緊急に入院した経験から、災害用と同じように次のようなものを入れた緊急入院用のカバンを用意しておかねばならないと痛感しました。

1　下着（五セットほど）

2　パジャマ（検査や治療のために前開きのものが望ましい。洗濯を考え最低二セット）

3　健康保険証（これは緊急入院用のカバンよりも、財布などに入れておいて、常に身に

つけておく方が良い）

4　洗面用具一式（歯ブラシ、歯磨き粉、石けん、シャンプー、くし、ブラシ、髭剃りなど）

5　当座の現金

6　緊急連絡先を書いたカード（同じものを財布の中に入れて常時持っておくことが望ましい）

7　タオル（数枚）とバスタオル

8　スリッパ

9　スマートフォンなどの充電器

万一の時には、この緊急入院用カバンだけ持って病院に行けば良いようにしておく必要があると感じました。

古希を過ぎ、独居している者にとっては、そうあって欲しくはないとは思いながらも、起こりうる緊急の病気や怪我の可能性に対しては、冷静に判断して常に準備をしておかねばならないものです。ここでも、あの「悪いことは起こって欲しくない時に起こる」というマーフィーの法則がやはりいつ作動するか分かりません。常に準備を怠るなという人生で一番大切な教訓が生きてくる場面です。

まだ少しは時間があるだろうと思って、それほど急いでまとめようとはしていませんでしたが、今回、怪我で入院したことで、妻が最後に残したように、私に関する様々な情報をまとめておかねばと痛感しています。遠くに住んでいる子供達が、私の死後、少しでも様々な処理がしやすいようにとの思いからです。

7――残された人生はおまけと思え

若い頃から自分の体を過信していたのでしょうか、あるいは時代的に徹夜で働くことが美徳であるという考えに染まっていたのでしょうか、健康ということを全く考えずに働いてきました。ただ、実験動物からうつった原因不明の発熱、手遅れの虫垂炎などで入院したり、手術を受けたことはありましたが、幸い大きな後遺症もなく過ごすことができていました。

ところが五十歳を過ぎた頃から色々と体にガタが出始めました。胃潰瘍で出血し、緊急入院をして処置していただきました。その後で軽い狭心症の発作があり、心臓の血管にステントを入れていただきました。この二つの病気の後、体重が急に増え始めました。元々決して痩せていた訳ではなく肥満でしたが、さらに太り今度は糖尿病の始まりとの診断を受けました。成人病のオンパレードとなってしまいました。今でも循環器と糖尿病専門の先生に定期的に診察を受けお薬をいただいています。

妻と結婚する時の約束が年に一度は必ず人間ドックに入って体のチェックをすることでした。毎年はできず約束は完全には守ることができませんでしたが、数年に一度は人間ドックで検診を受けていました。私の体のこととなると妻は大変神経質になり色々と心配してくれました。それなのに、皮肉なことに一番私のことを心配してくれていた妻が子宮頸がんで先立ちました。それこそ、子宮頸がんは、現在では、適当な年齢から毎年検診を受けておれば比較的早期の状態で見つけることができたはずです。人生というのは、本当に皮肉なものだと思います。

一人で生活していますと、命に関わらないにしても風邪や発熱などの病気にかからないように、また怪我をしないように注意して生活する必要があります。健康であれば、家事も行うことができます。しかし熱があったりして、体がだるくなると家事をする気力が湧いてきません。一人で生活していて、誰もしてくれる人がいないのですから、どんなに辛くても料理や洗い物は自分でせねばなりません。

一度風邪をひいて、熱が出ました。その時には、部屋を暖かくしてベッドの中に潜り込み、思い切り汗をかきながら、少しでも早く治るような努力をしました。熱のために、体がだるいというだけではなく、ベッドの中でじっと寝ていますと、色々なことが頭をよぎります。気分が落ち込んできます。氷枕が欲しくても、自分で起きて冷凍庫から出してくるしかありません。

しかし病気というのは、スイッチを切れば治るというような性質のものではありません。ある一定の経過をたどりながら、治っていくものです。昔から言われているように「日日薬《ひにちぐすり》」です。この期間をどのように生活するかということが大変な問題となります。

このように、病気になりますと大変ですので、風邪をひかないようにと平生から体に気をつけておくことが大切です。そのためにも、しっかり規則正しい生活をすることや、食事をきちっと取ることなどの注意を払っています。

確かに長生きすることは良いことかもしれません。しかし違う角度から考えると、還暦まで、さらには古希まで元気に生きることができたということに深く感謝すべきなのでしょう。**残された人生は、ある意味おまけであり、いつお迎えが来ても良いように心の準備をしておけば良いのだと思います。**

私の場合のように、妻に先立たれ、一人残されて生活をしていますと、特にこれ以上生き続けようという気力は失せてきます。かといって、無茶をして早くお迎えが来るようにしようとは思いませんが、自然の流れに任せ、毎朝何事もなく目が覚めれば新しい一日をいただけたと考えて感謝することで一日を送るということが良いのかもしれません。

まだまだできるものならしておきたいことはいくつもあります。

しかし元気であれば、一つのことを仕上げるとまた次のことがしたくなるのは当たり前で、もうこれでおしまいということは決してないでしょう。ですから、したいことというのは生きている限り、無限に続くものです。いつも何かをしたいと希望することは良いことだと思います。ただ、**もし思ったようにできなくても、落ち込まないことです**。現役を退いているということは、責任もないということです。最後の日まで、若い時のようにはできないにしても年相応に全力で働き、お迎えが来たら『あとは野となれ山となれ』の気持ちで去るのが一番かなと考えています。

『この世をば　どりゃ　お暇《いとま》に　線香の　煙とともに　灰　さようなら』

という十返舎一九の辞世の句がありますが、案外このようなセリフを吐いて去れるような生き方が良いのかもしれません。

ただ最後の時間、苦しんだり、周りの皆さんにご迷惑をおかけすることだけが心配です。『あとは野となれ山となれ』と言いながらも、見苦しい死に方はしたくないとも考えます。それがいつ来るのかがわからないものですから、悩みが尽きないのです。

毎日、夜寝る前に明日起きられなくても良いようにと考えて、ベッドに入るのが大切だと考えています。

第三章

妻を亡くして

～オトコ心の変化～

＊妻との最後の時間

十六年前に父を、十年前に母を見送りました。両親の死は私にとって確かに重いものでありました。しかし、人の世の常として、いずれは迎えることと覚悟をしていましたし、また二人とも八十年以上の人生を送ったことからも、天寿を全うし、ある意味でめでたいとも言えるかもしれません。私は山口に住んでおり、大阪で弟が最期まで看取《みと》ってくれたこともあり、喪主として淡々と見送ることができたような気がします。

しかし、寿命が八十歳以上と言われる今日に、妻が六十八歳で死ぬということは全く想定していませんでした。私も妻も、男の私が先に逝くものだとばかり考えていました。六十歳代で妻を失うということは、両親を見送るのとは全く異なる気持ちです。私たちの間には子供がいませんから、二人で過ごした自宅で、妻が居なくなってから一人きりで生活していくということもとても辛いものです。

妻が先立った後の一年半の生活を振り返ると、一人での生活が軌道に乗るための大きな要素は、妻の死の受け入れや死んだ妻との心の距離の変化などです。妻を失うことに対する心の準備の時期と、そして現実にいなくなってからの時期とでは心の持ち方、感情そして実生活が大きく異なります。

症状が出てがんと診断され、九ヶ月の治療を受けた時期、転移していることと余命を知らされ更なる追加の治療を断念して亡くなるまでの半年、そして妻が逝ってしまってからの一年半と、約三年の年月が経ちました。それぞれの時期で、私の心は強く揺さぶられ、大きく変化していきました。

治療を受けている時期は、必ずがんが消失して再び元気な妻が戻ってくると確信し、妻を失うことへの不安はあるもののまだまだ希望を持っていました。転移を知らされ治療を受けなくなってからは、この世を去る時期が明確に示された時期で、その来るべき日に向かって生きる日々でした。妻は私を、そして私は妻を思って日々を過ごす時期でした。妻にとっては体が自由に動く間にできるだけ自分で様々なことを整理をしておこうとする時期でした。私にとっては、妻が思い残すことのないようにと彼女の思いに寄り添いながら、妻自身が自分の生きた人生に幸福感を持って、その日を心静かに穏やかに迎えられるようにし、少しでも多くの楽しい思い出を作ろうとする時期でした。

幸い大学の管理・運営の仕事を辞めていましたので、全ての時間を妻のために使うことができました。その意味では何の後悔もありません。あのまま公職に就いていたら、あれだけのことをしてやれなかったのではと考えますと、神は全てを見通しておられ、そのように配慮され計らわれたのではと思います。

実際に痛みやお腹の腫れなどで苦しんだのは、最後の一ヶ月半だけでした。そのために、妻から色々なことを伝えてもらう時間を持てたのはある意味で幸いだったと思います。もし妻が急死していたのであれば、何もかも彼女に任せていた私は、何をして良いか分からずにきっと右往左往したことだと思います。妻が先立つことへ、本人のみならず私もある程度、覚悟をする時間が与えられた訳です。

しかしながら、いざその時を迎えると、虚無感や無常感というだけでは表現できない何とも言えない気持ちや感情が湧き出てきました。実際に亡くなってから四十九日の法要、納骨、百か日の法要までの約三ヶ月は、妻の霊を弔うことで一杯で私自身の生活を考える余裕はありませんでした。百か日を過ぎた頃から、私自身が一人で生活していかねばならないことを実感として重く感じ始めました。この頃から、仕事と共に家事を本格的にせねばならない時期となりました。

✦つながらない携帯電話

妻が入院していた時期は、たとえ私一人きりで自宅で生活していても毎日電話で話ができましたし、心は妻と共にありました。週に何回か仕事の合間を見つけては、病院に見舞いに出かけたり、外出許可をいただいて今日はどこにドライブに連れて行こうかと考えたりしていました。またこの時期は、完治するものと信じていましたので、希望がありました。余命が宣告され自宅に戻ってきてからは、時間が限られているという切迫感はあるものの、今までと変わらないと感じられる、ある意味二人での生活がありました。

妻の死後しばらくの間、私はただ生きているだけの状態でした。食欲はほとんどありませんでした。四十九日を過ぎた頃から、相続手続きの問題やいろいろな社会的な届けの提出など現実が待ち受けています。税理士の先生に相談することも必要となってきました。その頃から、現実生活に引き戻され始めます。心や感情が変化するから生活パターンが変わるというよりも、現実に私自身が生き延びるために生活を再開せねばならないことにより、心や精神が変化してくるのかもしれません。その意味で、この一年半の心の変化や生活の変化と、生き延びるために身につけてきたことは、切り離せないものでした。

しかし亡くなってからは、顔を見たくなっても声を聞きたくなっても、意見を聞きたくても、もう二度と妻の顔を見ることはできず、声を聞くこともできません。

写真に語りかけたり、心の中の思い出と会話するだけの日々となりました。もう一度で良いから携帯電話がつながらないかと考え、ある日の夜には電話をかけてみましたが、手元の妻の携帯電話が呼び出し音を奏でるだけでした。妻がたとえ病床に臥《ふ》せっていても、そこにいるということと、もうどこにも居ないという現実との違いが、私の心に変化をきたし、同時に私自身の生活のパターンを変えていきました。

このように、心の変化と生活の変化はお互いに密に影響し合っているものです。

いつお迎えが来てもいい

離別であれ死別であれ、一度家庭を持ったものが独りで生活することはとても寂しく侘しいものです。私は、四十八歳の時に離別しました。三人の子供たちは先妻と共に生活することを望みました。その時点では、二度と結婚をしようとは思いませんでした。四十八歳という年齢ではまだ若く、仕事にしても様々な人間関係にしても、まだまだ広がっていく夢がありました。もっと良い仕事をしたいという気持ちと同時に、私にはできるはずだという気持ちもありました。そこには将来に対する夢があり、何か全てが上昇していくという感覚がありました。独りで生活をしていても、仕事に追われてそれなりに充実した毎日でした。それでも仕事を離れて夜独りになると寂しさを感じます。人の温もりが懐かしく感じられます。若さと仕事への情熱がこのような寂しいという感覚を十分に補塡してくれていたのだと思います。

さて、教授職を六十三歳の定年で退任し、さらに大学での副学長職を辞した後、六十八歳という年齢で、妻を失いました。以前と同じように独り住まいを再びすることになりました。

まず大きな違いは、体力が以前のようにないということでした。さらに、妻があまりにも私を大切にして甘やかされたものですから、独りで生きる力がすっかり弱っていました。家事や仕事をする以外の時間は、完全にどのように過ごしても良い時間です。有効に使おうと思えば、自分を律していくしかありません。しかし妻を亡くした古希を迎えたオトコにとって、自らの意志で力強く行動するだけの力はもうありません。

第一、私自身に残された人生が後どれ程あるのかということばかりを考えてしまいます。たかだか生きられたとしても、十年ぐらいでしょう。

一般に妻に先立たれたオトコの余命は短いと言われています。それなら後数年くらいかもしれません。新しい挑戦をする勇気も気力も湧き出てきません。買い物でどんなに素敵なものを見ても、所詮もう私には関係のないものだと考えたのと同じように、仕事にしても趣味にしても今さら新しいことをしたところでと、つい考えてしまいます。つまり将来に対しての広がりのある世界が存在しないのです。心に張りがなくなっていることが一番の原因でしょうし、体力の衰えももう一つの原因でしょう。家族のためにとか妻の喜ぶ顔を見たいとかそのような動機が、生き甲斐ややり甲斐につながり、体力以上の力を生んでくれるものだと分かりました。気分的には、いつお迎えが来ても良いと考え、落ち込んだ日などは、もう人生を終わりにしたいとさえ考えるようになるものです。

子供たち

お互いに子供を持っている者同士の再婚には、それぞれの子供の問題がどうしてもあります。お互いの子供たちは、私たちの結婚をそれなりに祝福してくれていたとは思います。ただそれは新しい父や母が現れたということではなく、母の新しい連れ合いあるいは父の新しい連れ合いという認識であると思います。そのようにはっきりと認識してもらうことで、かえって私たち夫婦にとっては、悩みは少なくなりました。基本的に私たちは互いを大切にすれば良く、妻は自分の子供たちに母親として接し、孫が出来てからは祖母としての楽しみを自由に味わっていました。ただ私は求められた時以外は一切口を挟みませんでした。私は何かあれば絶対的に味方をしてくれる隣のおじさんという立場を守っていました。

一方、私は先妻と離別したときから基本的に子供たちとも疎遠になっていました。長男だけが結婚するにあたり婚約者を連れて挨拶に来てくれました。とても嬉しい瞬間でした。私は三人の子供がそれぞれに大好きでした。厳しい父親であったかもしれません。仕事ばかりして、家庭を顧みない父親であったかもしれません。それでも私は三人の子供たちが大好きでした。古希を迎え、妻を失って独りになった私は、もし少しでも親しい関係を子供たちと再び作るとそのままずるずると甘えてしまうだろうと、自分を怖く思っていました。それで自分にはもう子供は居ないのだとあえて言い聞かせることで、私自身の心の安定を保っていました。

いわゆる風の便りというので、二人の男の子はそれぞれ医師となり活躍しており、女の子は結婚してしっかりと家庭を守っているということを聞いていました。それだけで、私は満足せねばならないので、それ以上の期待をしてはいけないと自戒していました。ある意味で意地を張っていました。人様から、「お孫さんは？　可愛いでしょう？」と聞かれても、ただ微笑《ほほえ》んで曖昧な返答をするだけでした。一度も会ったことのない孫達に、突然私が、「あなた方の祖父です」と言って名乗り出る勇気はありませんし、また孫達が混乱するだけだろうと考えていました。その後は、年賀状のやりとり以外全くと言って良いほど交流はありませんでした。

妻の子供達は、幼い時にがんで父親を亡くしています。結婚して暫くして一度だけ私の子供達と妻が話をしたことがありました。その時の台詞を今でもはっきりと覚えています。

「私の子供達は、会いたくても二度と父に会えないのよ」
「お父さんが元気で、いつでも会えるのに、どうして会わないの」

今回の妻の死の後、法律的な面とそれ以外の面でありとあらゆる様々な後始末を、残された者がせねばならないことを学びました。死亡届を出せばそれでおしまいというわけにはいかないのです。私の死後、誰も住まないだろう現在の家の後始末もあります。私にとっては大切な思い出となる数々の賞状やメダルなども、いざ手放すとすると二束三文ですし、どこかの焼却場でゴミとして処理されるのかと考えると、何とも言えない虚しさを感じるものです。でも元気な間は、自分の手元に置いておきたく思います。長男が「後は引き受けるよ」と言ってくれたのは、とても嬉しいことでした。妻は、私が先に死んだ場合のことを考えてきており、いざ自分が先立つことになった時に何が必要かということを理解し、私の長男に託そうと手配してくれたのだと、今改めて感謝しています。

子供達が妻の死後、私に親切にし、何かと気を使ってくれることにとても感謝しています。しかし、昔子供達が小さい時にきっと苦しめたのだと思うと、一定以上甘えることは戒めておかねばと思っています。

出来るだけ一人で自立して生活をするつもりですが、どうしても最後の数ヶ月はどなたかのお世話にならざるを得ないということは、妻の死の過程から学びました。

✦無言の行で知る家と家庭の違い

「ただいま」

「遅くまで頑張ったね。大丈夫？」

「お腹ペコペコ」

「今晩は○○よ」

「美味しそうだね」

どんなに遅く帰宅しても、玄関での妻との会話はいつもこのようなものでした。私が帰宅するまで、玄関と庭の電灯は灯されていました。家の中は、冬は暖かく、夏は適度に冷やされていました。部屋の明るさと温度というのは、帰宅した時の気持ちにとても大きく作用するものです。職場での緊張感から急速に解放され、温かい家庭に帰ってきたという安堵感が生まれます。


妻がいなくなって二回目の冬を迎えました。一年という年月が過ぎ、帰宅しても誰も待っていないという現実を受け入れてはきました。しかし、灯りのない寒い家に入る時には、いつまで経っても、なんとも言えない寂しさを感じます。
玄関の鍵を開け、キーを差し込んで防犯装置を解除しますと、「お帰りなさい」と機械が声をかけてきます。思わず、「ただいま」と機械に向かって話しかけてしまいます。靴を脱ぎ居間に入ります。そこには、妻が可愛がっていたポチと彼の子分のぬいぐるみたちが、妻がよく座っていた肘掛け椅子に座っています。「ポチ君、ただいま。診察してきたよ」などと話しかけます。それからは、いよいよ無言の行の始まりです。考えてみますと、返事はありませんが、妻と繋がっているポチに話しかけることができるだけでも、幸いかもしれません。それから、冬は暖房のスイッチを、夏は冷房のスイッチを入れます。何も考えずに、テレビのスイッチも入れてとにかく何かの音を出します。これで、帰宅した時の一連の行事が終わります。

昔から「家と家庭は違う」とよく言われていますが、一人になるとこの言葉の意味が実感としてよく分かります。温度や湿度を完璧に管理している職場の建物は、極めて快適かもしれませんが、家庭としては魅力のないものです。昼間誰もいない家は、夕方帰宅しても冬は寒いままですし、夏はとんでもなく暑くなっています。昼間に窓を開けて空気を入れ替えたりはできませんから、家の中の空気は淀《よど》んでいるようです。エアコンの暖房や冷房をつけっぱなしで外出してみました。確かに帰宅時の部屋は適当な温度になっていますが、物理的な温度とはまた違った家庭の温もりという心理的な温度は感じられません。ただ電気代がとても高くなるだけです。温度や湿度という指標だけではなく、自分の帰宅を待ってくれている人がいるという温度計に表れない温かさがとても大切なのだと改めて実感します。家族が住んでいる家、誰かが帰宅を待ってくれている家庭というのは、失って初めてその有難さを感じます。

寒さと寂しさは、間違いなく連動しています。エアコンの暖風による暖気と灯油のストーブを焚いた時の暖気とでは、室温は同じでも心へ働きかける暖かさが全く異なります。なんとも言えない、心に沁み込むような暖かさは、エアコンでは感じられません。かといって一人ですから、外出時に火の気を残したまま出かけることはできません。どうしても火事などのことを考えると、エアコンで温度調節をするしかないのです。家に人がいれば、窓を開けて爽やかで新鮮な空気と、一緒に太陽の光を取り込むことで、家の中を暖めてくれるはずです。帰宅時の寂しさを少しでも減らそうと、まずは部屋の温度を帰宅時に適温になるようにエアコンを設定したりしましたが、それでは心の寂しさには何の役にも立たないことに気づきました。**一人で生活しているのだという現実を心でしっかり受け止め、この寂しさを自分で克服する以外に解消する方法はない**のだろうと最近感じています。

人間と同じように反応するロボットが開発されています。独居の人間にとって一つの助けになるかもしれません。しかし、防犯の機器が「お帰りなさい」と言ってくれても、その瞬間だけの会話で、話のネタとしては面白いでしょうが、本当の心に沁み込む温かさはありません。いわゆる人肌に相当する温度感が必要なのでしょう。

✦ 群衆の中の孤独

同じ眼科医である妻は私の講演を聴くのが大好きでした。講演から帰ってくると、

「どうだった？　完璧？」

と言うのが口癖であり、

「完璧だったよ」

と答えるのが私の口癖でもありました。

現役から退いた後は、アイバンク活動の一環として、一般の方々に角膜移植やアイバンク、献眼へのご理解を深めていただくための講演がほとんどでした。最近、久しぶりに私の専門の内容で講演する機会をいただきました。

帰りの新幹線に一人で座っていると、どこからともなく、

「どうだった？　昨日の講演はうまくいった？」

という妻の声が聞こえてきます。同時に、突然鬱状態になって落ち込んできてしまいました。「群衆の中の孤独」という状態かもしれません。どうしてこのような気分になるのだろうかと自問しました。多分、私自身の喜びや感激を素直に伝える相手がいないことのためではと考えてしまいました。うまくいったことを人様に話をするとそれは単に自慢話にしか過ぎませんし、またすべきことではないかもしれません。でも妻という存在は、私が感じている感激や自慢を遠慮なく出すことが出来ます。丁度子供が学校から帰ってきて、先生に褒められたことを自慢げに母親に話すのと同じ感情かもしれません。妻がいないと、私自身の心の喜びを分かち合える相手がいませんし、また悲しみを分かち合える相手もいません。

失せた買い物の喜び

私は、何やかやと買い物をするのが好きな人間でした。電化製品、カメラなどの趣味の品やネクタイなどは量販店やデパートで自分で購入したりすることはありました。通信販売のカタログを見たり、東京で時間が空いたりしたら、デパートや専門店をウロウロしていました。外国に出かけても、街をぶらぶらしながら、金額の多寡ではなく、何かユニークなものなどを探して回るのが大好きでした。持って帰って妻に手渡した時に、彼女が喜ぶ顔を見るためでした。時には「何よこれ！　また変な物を見つけてきて」と呆《あき》れられることもありました。このように買い物の基準は、妻が喜んでくれるかどうかだけでした。そのためには、妻が今欲しがっている物は何かや、妻の好みの色などを知っておく必要がありました。

妻が死んでからは、このような買い物ということを全くしなくなりました。亡くなって暫くは妻の好きだったお菓子などを買って帰り仏壇に供えていました。しかし二度とあの嬉しそうな笑顔を見ることは出来ません。そのうちに、買い物が心ワクワクすることでは無くなり、スーパーやデパ地下で食料品や下着や洋服などの身の回りのものを買うだけとなりました。バカラのガラス製品を見ても、素敵だなとは思いますが、昔のようにいつか買いたいという気持ちは全くなくなりました。女性用のアクセサリーや愉快なおもちゃなど、もう何を見ても求める気になりません。そうなると買い物の楽しさがなくなり見て回る気がしません。自分自身の心の中で、贈り物をすることの歓《よろこ》びを楽しむ心が萎えてきていることに気づきました。お誕生日には、クリスマスには、結婚記念日には、といつも何かを探してウインドウショッピングをしている時には、私自身の心がウキウキ、生き生きしていました。妻がいなくなった今、もう二度とあのような気持ちで買い物をすることはないのでしょう。また一つ、私の心のワクワク感がなくなってきています。

素晴らしいパートナーと巡り会え、十六年半でしたが、私の人生での一番の収穫期を共に歩み、とても幸せだったと思います。それだけに、喪失感がとても強く、何かプレゼントするという行いの楽しさも失せてきてしまいました。

プレゼントを考える時、相手の顔を思いながら買い物をします。プレゼントは、私の心を相手に伝える単なる手段です。

妻がいなくなると、プレゼントを考えたりする楽しみはもう二度とありません。

✦ボケへの道を歩む

妻が元気な時には、帰宅してからお互いにその日一日の出来事を話し、ニュースで話題になっていることなどについても話をし、時には意見が違い議論となることもありました。どんなことでも話ができたことはとても幸せでしたが、誰もいなくなると全く音がしません。そうなりますと、テレビがとても有難いものとなります。

昔アメリカに留学していた時、テレビのことを冗談で電子子守（electric baby sitter）と言って笑っていました。小さな子供をテレビの前に座らせておくと、いつまでもおとなしくしてくれています。今は帰宅するとまずテレビをつける癖ができてしまいました。テレビが私の子守です。とにかく何かの音が出ていて欲しくなるものです。そのくせ、番組がつまらないことは百も承知です。心の中では、いつまでこんなつまらない番組を見ているのだと自分に言い聞かせますが、結局はダラダラと、見ているでもなくただ時間を無駄にしてしまいます。さすがに、つまらなくうるさいだけの番組を見続けていますと、そのうちにニュース番組などに魅力を感じ始めます。

無言の行の解消にはなりませんが、テレビのスイッチを切ることを覚え始めました。代わりに何かその日の気分に一番合う音楽をかけるようになってきました。しかし、基本的に無言の行であることには違いがありません。

仕事のない日は、ほとんど人と話しません。たまに宅配便の方が配達してくださった時に、「有り難う」と言うくらいです。古希を迎えた男が一人で生活する時の、やはり一番の問題は誰とも話をする機会がなくなることだと思います。そんな日々が続きますと、気分は落ち込んできます。

会話を交わさないということは、同時に自分自身の感情や感激を誰にも伝えず分かち合えないということです。つい内省的になります。**自分の口から音が出なくなると、頭や心で感じたことは、自分の心に直接戻ってきます**。ある種の悪いサイクルに入る時がありま す。このような状態で、これからも生きていても仕様がないのではと、一日でも早く死が訪れることを望むような気分になることもしばしばです。

誰かと話ができることが、どれほど大切かということを身を以《もっ》て体験しています。

幸い私の場合は、週に二日ほど診療していますので、その時に少なくとも、同僚の先生、看護師さんと話をしますし、特に患者さんともよく話をするようになり、訴えを十分に聞くようになりました。しかしそれ以外の出かけない日は、気がついたら一日ポチ以外には誰にも話しかけていなかったという日もあります。これは全く無言の行を行っているようなものですし、ボケの道をひたすら歩んでいることになるのかもしれません。

仏壇とお墓で語り合う

妻はアメリカよりもヨーロッパが好きでした。一緒にヨーロッパに出かけますと、いつも教会を訪れました。建物をゆっくり見て回り、中に入ってステンドグラスなどを心ゆくまで眺めていました。一日の中で時間によりステンドグラスの色合いが変化するのを見るのが好きで、何回も同じ教会を異なる時間帯に訪れたりしていました。妻にとっては、ヨーロッパの教会は建築芸術やステンドグラスの美術品だったのだと思います。しかし、私にとって教会は、祈る場所でした。

同じように、京都に一緒に出かけますと、やはりヨーロッパとは異なる単彩色の陰翳《いんえい》の変化を楽しんでいました。四季の変化を感じるのが好きで、同じ神社やお寺を異なる季節に訪れたものでした。最後の葬儀は浄土真宗に則って行いましたが、妻が心から信じていたのは何だったのかは分かりません。ただ妻のみならずカトリックの私でも、神社やお寺の持つ荘厳さには、何か心の奥深いところに沁み込んでくるものを感じます。多分宗教というよりも、日本人として持っている感性に訴えるものがあるのだと思います。

妻の死後、一年間は毎日仏壇でお線香を焚き、おりんを鳴らしていました。今でも月命日には欠かさずお墓参りをしています。仏壇の前で手を合わせ、おりんを鳴らすとその音が心に沁み込みます。お墓でも、手を合わせて、妻に語りかけるとなぜか心が穏やかになります。仏壇もお墓も私にとっては、亡き妻と語り合うとても大切な場所です。

教会は、私自身のことを祈る場所だと思っています。でもお寺、仏壇やお墓は、妻の霊の安らかなることを祈り妻と語り合う場所です。

思い出の中で生きる

死んでから一年半経った今もずっと、妻は思い出の中で生きています。月命日にはお墓に出かけて、一ヶ月の出来事を色々と報告しながら語り合います。月命日以外にも、心が折れそうになると、お墓に出かけると少しは落ち着くものです。死の直後の頃ほどではなくなってきていますが、妻と共に過ごした十六年半の時を振り返り、写真を眺めては、その中の妻に語りかける毎日です。「思い出の中で生きる」というのは、いつまで経っても無くなりません。

　葬儀で流したサミュエル・バーバーの「弦楽のためのアダージョ」を何百回繰り返し聴いたことでしょう。リピートにして、一日中この音楽を流していました。葬儀での別れを思い出しながら、私自身の心の別れを告げるためにも必要でした。心の奥深くに音が沁み込んでくるという感じがします。

　入院中少しでも楽に過ごせるようにと、妻が好きであろうと思われる音楽を三千曲以上、ｉＰｏｄに入れていました。妻は喜んで、繰り返し、繰り返し聴いていました。病床日記に幾つかの曲がとても良かったと書いていましたが、これらの曲が私にとってはまた特別の意味を持つことになりました。人生最後の時間に妻が一人病室で聞いて感動したという曲を、私もこの一年半繰り返し聴いています。聴くことで、何か妻と繋がることができるような気がするのです。

　いくらいつも妻が私の傍に寄り添ってくれているとは分かっていても、何か彼女を思い出すきっかけが必要です。二人とも写真を撮るのが好きで、一緒に出かけた時にはたくさんの写真を撮り、帰ってきてから妻はそれらをパソコンで整理しながら、気に入ったものだけで特選集というフォルダーを作っていました。亡くなって、三ヶ月の間は、気分的にも何もする気がしませんでした。ただただ、写真を通じて、楽しかった二人で歩んだ時間を振り返っていました。自宅のパソコンにある今までの写真を一枚一枚見直し、気に入った妻の写真を印刷したり、新しく妻の写真専用のフォルダーを作ってそこにコピーしたりということをして、毎日を過ごしていました。綺麗な木製の写真立てを沢山購入し、気に入った写真を入れて、仏壇の周りや居間の食卓の周辺に、たくさんの妻の笑顔の写真を飾りました。写真を通じて、色々なことを思い出し、心の中で妻と会話していました。もう一つ、妻の笑顔の写真ばかり数百枚をSDカードに移し、食卓に飾ったデジタルフォトフレームで楽しんでいます。四、五秒ごとに写真が変わり、その度に楽しかった二人で過ごした時間が思い出されます。一年半経った今でも、フォトフレームの写真を眺め、妻の笑顔を見ては励まされています。

写真というものは、思い出やあるいは今寄り添ってくれているはずの妻を感じるための手段としてとても有効です。

✦妻の復活

キリスト教では、春分後の満月の次の日曜日を復活祭(イースター)として、キリストの復活を祝う大切な行事があります。多分ヨーロッパの厳しい冬が終わり、野山の新緑が鮮やかになってきた春の到来を喜ぶところからこの時期に復活祭が祝われるようになってきたのでしょう。

子供の時から、私はカトリックの教えを学んできました。復活祭も単純にキリストが復活されたお祝いだと認識していました。つまり、キリストの体が再び動き始めたとの認識です。大人になってからは、そのような奇跡は科学的に起こるはずがないと考えるようになってきましたが、聖書に書かれている様々な奇跡を考え直すために、それらの奇跡を科学的に考える本を読んだ時期もありました。キリスト教が教える様々な奇跡が、科学的あるいは医学的にどのように説明できるかということを述べた本です。つまり私は、妻の死を経験するまで復活とは肉体の復活と考えていたのでした。

今ようやく、復活ということの意味が分かってきたような気がします。体の復活ではなく、心の奥深くに妻が復活してきたのです。何をしても、どこにいても、妻はいつも私と共に傍に居るということを感じ始めました。心の中に寄り添ってくれているという感覚、それが妻の復活なのだと理解できました。仏教でも、亡くなったご先祖がいつも高い所から眺めて守ってくださっていると教えています。これも同じようなことなのでしょう。

声を使った会話をすることはできません。体のぬくもりを感じることはできません。でも、いつも残された私の傍に居てくれるということが、これから先一人で生きていく上で、とても大切なこととなりました。

カトリックでは、死ぬ直前に病者の塗油の秘跡を神父様から受けます。生きていた間に犯した全ての罪の許しを願い、神父様から許しを頂きます。これは、全ての罪が許された状態で、死後、神の保護下で天国に復活するために必要です。一方、仏教では、宗派により多少の違いはあるかも知れませんが、死後毎週一度七回にわたって閻魔大王をはじめ十王による裁きがあり、七週目（四十九日）に最後の裁きの後、初めて極楽に入ることができます。

四十九日までは、霊はまだ家や私の傍に留まっており、七週かけて徐々に極楽浄土に行くようです。妻の死を受け入れ、徐々に別れを告げていく私の心の動きととてもよく合っており、ある種のロマンチックなものを感じました。四十九日の法要により、妻は完全に極楽浄土に成仏しました。

✦臨終の夜

人は、新月の引き潮の時に、命が絶えるとよく言われます。
ちょうど誕生日を過ぎて数日後の新月の日、引き潮の時刻に妻は息を引き取りました。最後に息をして、心電図が平坦になり、主治医の先生が死亡を宣告されました。手を握ると徐々に冷たくなっていきます。少しの間だけ、病室で感傷に浸ることができました。

妻は、眼科医としての最後の責務として眼球をアイバンクに提供することを希望しました。献眼の意向をあらかじめ主治医の先生を通じてアイバンクの方に連絡していただいていましたので、深夜にもかかわらず献眼は大変スムースに進んでいきました。アイバンクの担当医が来られ献眼を行った後からは、とても速い速度で亡骸が葬儀場へ運ばれていきます。病室の荷物を全てまとめて、車に積みます。この段階は、本当に機械的に行われますので、悲しんでいる暇はないというのが現実です。

それから葬儀場の方へ亡骸を移しました。葬儀場はどこにするかを決めていましたし、あらかじめ今日明日にでもお願いするかもしれませんとのことを連絡していました。葬儀場の一部屋に亡骸を安置して、二人きりになった時に初めて、もう声を聞くことができず、話ができないのだという実感が湧いてきました。妻の亡骸と最後の二人きりの時間。今までのことを振り返りながら一夜を過ごしました。

生物としての死は受け入れようとしますが、まだ帰ってくるかもしれないという気持ちは強く残っています。亡骸に向かい、

「どうして先に死んだのだ？」

「帰ってきても良いのだよ」

と語りかけ、心の中ではまだまだ妻の死を受け入れられない自分がいました。

初めて出会った時のこと、私が人生で一番精神的にも経済的にも辛く苦しんでいた時期を助けてくれたこと、どんな時でも「してみたら」という一言で背中を押してくれたこと、二人で出かけた沢山の旅などなど尽きぬ思い出を心に浮かべながら、ただひたすらに霊を

慰めていました。妻と出会わなかったら、これほど実りある人生の収穫期を過ごすことはできなかったと、感謝で一杯の気持ちでした。

しかし、現実がそこにはありました。通夜と告別式の段取りを、葬儀社の方と決めねばなりません。通夜や葬儀は、大げさにしたくはありませんが、最後を見送る儀式として妻への最大限の感謝と敬意から私にできる限りのことはしてやりたく思いました。お寺さんをどこにお願いするのか、どのようなお通夜・お葬式にするのかを葬儀社の方々と打ち合わせなければなりません。葬儀社の方の質問にお答えしながら、当然お値段も関係しますから、何らかの判断を私が行い、一つ一つ解決していかねばなりません。通夜や葬式を執り行うということが、これほど大変なことでこれほど多くの事項を決定していかねばならないのかということを体験しました。

でも、このことは悲しみに浸る時間を奪ってくれますので、ある意味救いかもしれません。

妻から、最後に「残された西田のことをよろしくお願いします」と頼まれていた美由樹先生は実の妹のように、いつも傍についていてくださり、「先生、一番大きなホールにしなさい」など、私だけでは判断できないところを色々と指示してくださいました。どの範囲の皆様に妻の死のご連絡を差し上げるのか判断するのも大切です。幸い大島眼科病院の事務の方が、あらかじめ準備をしてくださっていましたので、ほとんどの連絡はスムースに行われました。お寺さんへの連絡など葬儀社の皆さんが行ってくださいますので、私の仕事は問われたことを確認し、決定するだけです。でも美由樹先生の助けや葬儀社の助けがもし無ければ、きっと悲しみに溺れて感傷的になって何も進まなかったと思います。どこかで事務的に物事を進めてくださる方がおられるということも大切です。それに弔電、供花などの整理と通夜や葬儀の受付業務など、とても沢山の仕事が待っています。お世話になっている大島眼科病院の事務長の的確な指揮で、沢山の看護師さんや事務の方々が手伝ってくださり、実にテキパキと準備と当日の受付などの作業をしていただくことができました。葬儀社の皆さん方の助け以外にも、様々な方々の助けが必要なことが分かりました。

通夜そして翌日の告別式と流れるように葬儀は進んでいきました。少しでも、ゆっくりした気分で妻の亡骸と語り合えたのは、臨終の夜だけでした。でもそのお陰で無事に葬儀を行うことができたのかもしれません。いちいち感傷に浸っていては、一歩も前に進めなかったと思います。

人生の様々な局面で、儀式が執り行われますが、ある意味その大切さを感じたものでした。皆さん方の助けのお陰で、立派な葬儀を執り行うことができました。遠くからも多くの方が来てくださり、葬儀場に入りきれないほどのお花を頂戴しました。私をずっと支えてくれた妻にふさわしい葬儀をさせていただくことができました。私が先に逝ったのであれば、これが自分の葬儀なのだろうなとふと考えてしまいました。ずっと私を尻に敷いていたつもりの妻は、最後に甘えて私の葬儀を取ったのだと、考えたものでした。

一人残された私の葬儀は、そっとしてもらって十分だと思っています。

解約の寂しさ

入院中、スマートフォンとｉＰａｄを、お友達や家族とをつなぐ唯一の手段として妻はとても重宝していました。いつも充電していました。

ですがいざ亡くなりますと、スマートフォンを解約せねばなりません。しかし、これがなかなかできませんでした。もう一度だけ、妻と話をしたいという気持ちがいつまでもありました。この気持ちは一年以上経った今でもあります。その時に、携帯電話がなければどの番号にかければ良いのかわからないなどという理由で解約の手続きをすることができませんでした。もう一つの理由として、解約してしまうと妻があの世から私に連絡を取ろうとした時に困るのではという気持ちもありました。冷静に考えると、とてもありえないことです。自分でもよく分かっています。それでも、解約をすることができませんでした。

一周忌が終わり、しばらくしてやはり二度とこの電話は鳴らないのだと自分に言い聞かせ、初めて解約の手続きに出かけました。


同じようなことが、クレジットカードでもありました。三途の川を渡る時に何かの支払いの時に、クレジットカードが必要になったらいけないし、その時支払えなくて、川を渡れなかったら可哀相だなとも考えました。

昔、若い頃にアイバンクの業務で献眼していただく方のもとに出かけました。ご遺族の方から、

「三途の川を渡れなかったらいけないので、両眼の献眼はできません。どちらか一眼だけにしてください」

と言われました。その頃まだ若かった私は、「目があろうがなかろうが三途の川は渡れるのに」と内心考えていました。

今この歳になって妻を亡くして、初めてあの時のご遺族のお気持ちがわかるような気がします。

ただ、クレジットカードを解約しなかったことは大失敗でした。妻が亡くなって一年以上も経った時に、ヨーロッパで妻のカードが使われ請求が回ってきました。いわゆる不正使用です。カードは私の手元にありますし、死んだ妻がヨーロッパに出かけて直接使うことはありえません。クレジットカード会社に説明して、不正使用されたということで了解していただきました。慌てて、妻が使っていた全てのカードの解約手続きを取りました。クレジットカードやその他の会員証などは、やはりできるだけ速やかに感情は切り離して解約すべきであったと反省しています。

亡くなって三ヶ月ほどの期間は、ただ日常生活から離れ、思い出の中だけに生きていたような気がします。二人で出かけた日々を写真で思い出し、時には出るはずのない妻の携帯に電話をかけたりして生活していました。懐かしさや寂しさは変わりませんが、一年という年月が経つことで、再び徐々に理性が勝るようになり、気持ちは気持ちとして冷静に考えられるようになってはきています。しかしどれだけ時間が経っても、妻がいなくなった喪失感から抜け出ることはできません。今でも月に何度かは大きな声で妻の名を叫びたくなります。

✦てきぱきと、生きる

一年も経ちますと、いつまでも思い出に浸っておれません。皆さんの同情も徐々に薄らぎ、無くなっていきます。以前と同じように期限内に仕事をてきぱきせねばなりません。妻を亡くして、家に籠もらないでとにかく頼まれた仕事があれば引き受けて家から外に出るようにという友人からの助言がありました。現役を退いて暇なはずですが、あれやこれやと引き受けているうちに忙しい週は一週間に一日か二日しか家におらず、どこかに出かけてホテル住まいをしているという時もあります。しかし間違いなく働いていると気分が鬱になる暇はありません。問題は、週のうち、全く何もせず家に居る時です。一人で誰とも話をせずに家に居ますと、気分が落ち込み鬱になります。

妻からの最後の手紙を繰り返し繰り返し読みました。そこに書かれていた妻からのメッセージである、「あなたのミッションを果たしてください」ということを一所懸命考えました。自分が果たすべきミッションとは何かを考えますが、何をしてもやり遂げた時の楽しさや感動を妻ともう分かち合えないと思うと、何もしたくなくなるものです。現役ではありませんので、「人生で果たすべきことは、もう十分にしたのだよ。もうこれ以上しなくても許されるよ」という声が聞こえてきます。一方で、「あれが残っているではないか？」という言葉も聞こえてきます。これらの言葉や考えの間をその日その日の気分や感情によって振り子のように大きく揺れ動いています。

一人という孤独感を強く覚えますと鬱の状態になっていきます。一方で、何か仕事が完成すると、まだまだ社会のお役に立てるのだと、一種の躁状態になってきます。このように、躁と鬱の間を気持ちが揺れ動きます。妻の死後しばらくは、鬱の状態でしたが、そのうちにこれではいけないと頑張ろうとしだしました。しかし一年半経つと、色々な意味で寂しさが重くのしかかってもきますし、鬱の状態がより深くなっていきます。日ごとに振れ幅が広がり、躁と鬱の距離が徐々に大きくなり、落ち込んでいる時間がより多くなってきているように感じます。

家の中には妻が居ません。ということは誰も私に一日の、あるいは一週間のキューを出してくれる人が居ないということです。独り身の気楽さ、自由の身とも言えるかも知れません。

ただ色々な仕事が有難いことに舞い込み、ばたばたしています。しかし現役の時と決定的に異なるのは、仕事が定期的でないということです。体力的にも、古希を過ぎてかなり弱ってきています。特に妻を失ってから、ある種の張り合いのようなものがなくなるのでしょうか、とても動きが鈍くなりました。自分から動きだすことがとても難しくなります。頭では「こんなことではいけない。直ぐに動かねば」と思っていますが、体は重く「心の中の悪魔」が「明日でもいいじゃない」と囁きます。年寄りを動かすには、「あなたが必要ですよ」という外からのキューを送っていただくことが必要だと感じました。その為にも、周りの皆さんに支えていただきながらも自分をうまく乗せてくれる人が居るかどうかが大切です。

第四章

妻がくれたもの
～大きな不幸の先に大きな幸せが待つ～

『モンテ・クリスト伯』(アレクサンドル・デュマ著)の最後の場面で、モンテ・クリスト伯の、

「大きな不幸を経験したもののみ、大きな幸せを感じることができるのです」

というセリフがあります。確かにその通りだと思います。

この世には絶対的な幸福も不幸もないのでしょう。ただ相対的に、幸福と感じるか不幸と感じるかということです。妻との生活が、豊かなものであっただけに、妻がいないという喪失感はとても大きなものです。でもこの試練は、いずれあの世で再会した時に、また妻から褒めてもらえるという大きな幸せのためのものなのかもしれません。

最後の瞬間まで、妻は独り残る私のことを心配してくれていました。「愛する輝夫へ」と題された私への最後の手紙を、死後、妻のコンピュータの中に見つけました。死の一ヶ月前に体のしんどさに耐えながら最後の力を振り絞って書いたものです。二人で過ごした時間の思い出や私への感謝が述べられていました。そして、私への励まし

のような文章が残されていました。

私の周りには支えてくださる方が沢山おられること、私にはまだせねばならないミッションがあること、心折らずに残りの時間を大切に、そして愉しんで過ごして欲しいとの願いなどが述べられ、そして最後に、

「最後の日々を、こうやって心通わせて過ごせた私たちです。大丈夫、私はずっとあなたの傍にいます」

と書かれていました。

この手紙はとても有難いものでした。涙とともに、何回読み直したか分かりません。

この一年半の間、様々な経験や新しい体験をしながら独りで生きてきました。妻がいなくなったことの喪失感がほとんどで、寂しく感じています。その間を通じて、この最後の手紙が残してくれた妻からの最後のメッセージが大きな心の支えでした。心が折れそうになった時など、いつも繰り返し繰り返し手紙を読み直しました。

いつの日か私がこの世を去る時に再び妻に会えるのか、そしてあの世でもう一度話をし

たいという気持ちが強くなるばかりです。

妻と再会できた時に、笑顔でどのように残りの時間を独りで過ごしたかを、自慢できるようにというのが、今の私の生活のすべての基準です。

I――あの世での再会

あの世の広場

いよいよ妻の死期が近づいてきた時、またあの世で再会できるかどうかが二人とも最も気になることでした。あの世から帰ってきた人は誰もいません。あの世の様子を誰も教えてくれません。いろいろな宗教が教えてくれることを信じて、自分の心の中で、あの世の様子を考える以外に方法はありません。

妻は浄土真宗を信じていました。浄土真宗の教えでは、阿弥陀如来のお力で、「南無阿弥陀仏」を唱えるだけでこの世から離れて直ぐに浄土に行けるようです。この世の罪業がどうであれ、「南無阿弥陀仏」を唱えることと残された者の祈りが大切だそうです。浄土真宗に親しみを感じましたが、キリスト教と似ている点は、この世のものには何も価値を認めないことです。仏壇には、基本的に何もありません。ただ光を放っている阿弥陀如来を表した南無阿弥陀仏のお札を掲げているだけです。心の中で残された者が祈るということのようです。キリスト教でも、この世との別れである死と同時に神の保護下の天国に行くわけで、特に家庭の中で何かを飾るということは原則としてありません。葬儀やその後の法要はお寺さんにお願いし、浄土真宗のやり方で行っていただきました。

私は、カトリックですので、この浄土真宗の作法が全くわかりませんでした。周りの皆さんに助けていただき、教えていただき、徐々に作法を学んでいきました。

浄土と天国は、別の場所にあるのでしょうか？

もしそうなら、妻は浄土におり、私が天国へ行くとしたら、もう二度とは会えないのでしょうか？

あるプロテスタントの牧師さんにお聞きしますと、即座に、あの世の広場は同じもので、ただ入り口の看板に「浄土」と書いてある門から入るか、「天国」と書いてある門から入るかの違いだけで、祈りがあればあの世の広場でまた再会できると教えていただきました。希望が出てきます。いつか、再会できるのであれば、妻が逝ってから後の一人で生きた時間について自信を持って笑顔で報告できるように生きねばと、元気が出てきました。妻と再会した時に報告するという気持ちで、これからの時間を、いかに生きるかということが大切です。それは一つの目標であり、希望でもあります。

妻は三十八歳の時に、先夫をがんで亡くしました。その後二人の子供を女手一つで立派に育て上げました。子供が独り立ちした後で、縁があって私と再婚しました。もう三十年経ったから、そろそろ浄土に来てくれと先夫がお呼びになったのかもしれません。多分今頃浄土で先夫と一緒に一献交わしながら、別れてからのことを色々と話しているのかもしれません。まだしっかりしていた時に、このことを話しました。

先夫は大変おおらかで立派な外科医でしたので、いずれ私があの世に行った時には、「おお、よく来たね。一緒に飲もうや」ときっと言うだろうから、「三人で輪になって、美味しいお酒を飲めるわよ」と妻は言っていました。

私は前の妻とは離別しましたから、子供たちを結果として捨てたことになりました。それだけに、一つの家族というのは、夫婦と子供たちで構成されているもので、この単位がとても大切だと思います。妻に対する私の役割は、この世での人生の最後の時期を、楽しく意義深く心穏やかに生き、死を迎えられるようにともに過ごすことだったのだろうか、とつい考えてしまいます。いつか何十年も先に、妻の子供たちがあの世で父や母と再会した時に、親子四人でこの世で果たせなかった楽しい生活を過ごすのがやはり最善ではないかと思います。

あの世では私は独りかもしれません。カトリックの教えのように、死んでも神の保護下の天国で住めるという考えがとても魅力的なものに見えます。それでも、きっと妻は私を迎えてくれるものとどこかで信じています。だからこそ、その時に「あの後、大変だったけど、神様がお迎えに来てくださるまで、全力で一所懸命に生きたよ」と笑顔で言えるように、残りの人生を過ごさねばなりません。

妻が手配したサポーター制度

私が独り残された後のことを心配して、妻は色々な方々に自分の死後、私を支えてくださるようにお願いしてくれていました。いわば妻の作ってくれたサポーター制度のおかげで、今は生きているようなものです。ここにも妻が傍にいてくれているように感じる理由があります。皆さんは妻を好きだった方々で、心から私を助けてくださっています。有難いことに、妻が作ってくれたサポーター制度とは別に、私自身の関係のサポーター制度もあることに気づきました。

昔近畿大学や山口大学で指導した先生方は、何かにつけて食事に誘ってくださったりします。日頃からお付き合いのある比較的近くの方々だけではなく、遠い昔にお付き合いのあった方々も、励ましやご自身の経験談などを伝えてきてくださいました。このような励ましがどれほど大切で有難いことかと改めて感じ、感謝の気持ちで一杯です。私への直接の励ましのお手紙だけではなく、妻の思い出を伝えてくださる妻の知り合いの方からのお手紙も同じように私にとってはとても大切なものでした。心の支えとなりますし、心の栄養をいただくような気持ちです。

函館五稜郭の桜

最後までもう一度桜を見たいと言っていましたから、あの世で妻に再会した時に、十分に楽しめなかった函館五稜郭の満開の桜を土産話として話さねばと思いました。最後の治療を終え、二人で秋田角館、弘前城、函館五稜郭と桜の追っかけ旅行をしましたが、散々計算して行ったつもりでしたが、その年は開花が早く、満開の桜を楽しむことができませんでした。妻はあと一年は頑張って、もう一度函館五稜郭の桜を見に来たいと強く望んでいましたが、叶いませんでした。

そこで、亡くなった次の春に、函館を今度は私一人で訪れました。皮肉なことに、その年はちょうど満開の時期に訪れることができ、妻が五稜郭の桜を見たがっていたはずだと、その美しさに見とれていました。盟友の函館の江口先生ご夫妻と一緒に、前年妻と二人で舌鼓を打った同じお寿司屋さんに行きました。たまたま全く同じ席で、ただ妻がいないだけの状態で、江口先生ご夫妻と美味しいお寿司をいただくというのは、なんとも言えない不思議な感覚でした。

次の年も江口先生ご夫妻のお誘いで、桜を見に一人で出かけました。今度は少し早すぎたようでしたが、滞在している三日の間に徐々に開花していきました。最初の年は、満開の桜を見ることが叶わなかった妻の霊の鎮魂という気持ちが強くありました。しかし次の年には、亡くなって一年半ほど経っていましたので、私が独り立ちして生きていく新しい門出の桜のように感じました。でも江口先生ご夫妻のおかげで、これでいつか妻に再会した時に、函館五稜郭の桜の美しさを土産話として話してやることができるようになりました。

二人で出かけた最後の海外旅行がベルギーとドイツのクリスマスマーケットを巡る旅で

した。寒い季節でしたが、妻は初めて訪れるブリュッセル・グランパレの広場のもみの木のクリスマスツリーや、音楽と共に広場を取り囲む建物を照らすクリスマスイルミネーションをとても喜んで楽しんでいました。一日に何回も出かけ、夜遅くまで光と音のイルミネーションを堪能していました。

その後、妻との思い出巡りと鎮魂のために、一人でブリュッセルを訪れました。二人で出かけた同じレストランで今度は一人で食事をいただきました。景色も食事も何もかもが妻と一緒の時に味わった感激はありませんでした。かえって寂しさや虚しさが増しただけでした。

それ以来、妻と出かけた思い出の土地や神社仏閣などを一人で訪ねるのは止めることにしました。虚しいだけですし、一人でしっかりと生きていかねばなりません。いつまでも思い出に浸っていることは、かえって妻の望むところではないはずです。

2——妻が遺してくれたこと

妻が私に遺してくれたことは、いろいろありますが、一番大きなことは死に至る過程を示してくれたことと、死は悲しみではなくもはや今の私にとっては喜びであるということです。死への恐怖を拭い去ってくれました。

✦死とともに、歩んでいく

離れて住んでいたために、私は自分の両親の死を目の前で見届けたという実感はありません。しかし、今回妻の死に至る過程をつぶさに見ることが出来ました。人間がどのように死んでいくのか、どのように苦しんで死んでいくのかを見ることが出来ました。またどの程度の時間軸で歩む道なのかも学べました。妻は、残された最後の時間を実に有効に使ったと思います。妻の二人の子供たちと私に対し、きちっと遺言を残しました。家の中の色々な書類や証書などがきちっと整理されていました。洋服や着物もクリーニングを済ませ、種類ごとにほとんどがきちっと片付けられていました。病床日記を見ますと、まだ不十分でやり残してしまったが、その部分は許してくださいと書かれていました。自分の死のことを考えると、今からもう準備しておかないといけないなと感じたものです。この世から去るということは、単に体がなくなることだけではなく、様々な社会的な関わりがなくなることでもあります。その為の準備が必要だということを学びました。果たして、私が死を迎える時に、妻のように十分な整理をして死ねるかどうかは自信がありません。

もう何も恐れることはない

今まで二人で生活をしていますと、妻を残して私が死ぬことは心残りがあり、心配でした。その意味でも、少しでも長生きをして死によって二人が別れねばならない瞬間を先に延ばさねばと考えていました。そこには、どうしても死の恐怖がありました。まだやり残していると感じる仕事は幾つもありますが、今まで十分にしてきた気持ちもあり、もし死ぬまでにやり残したと思うことを一つでも多く片付けられれば幸いだと思っていました。しかし、このように妻が先に逝ってしまいますと、もう妻のことを心配することはなくなります。まだ現役の年齢であれば、仕事で心配なことなども沢山あるかもしれません。しかし、先妻との間の子供たちはそれなりに元気に活躍しているようですし、私は独りで人生の終わりを迎えることになりそうですから、何も恐れることはないと感じます。

現役の生活を引退し、古希を迎えてから、妻を失って独りになりますと、もうこれ以上頑張る必要を感じなくなります。若い頃の挫折や人生への失望からくる虚無感ではなく、老人としてのもう十分に自分がすべきことをしたという満足感とともに、人生の素晴らしいパートナーがもはや居ないことから、これ以上頑張って生きることの意義を見出せなくなります。特に私のように、一緒に住む子供や孫が周りにいない状況では、ただ生きているだけという状態がむなしく感じられます。**決して虚無的ではなく、自分の人生への満足感を持ちながらも、死への憧れが生まれてきます**。今日しかもうないのだということで、明日への気持ちが薄くなります。ただ悲しいことに今日中にやるべきことを片付けようとしても体がついていきません。もう妻が傍に居ないのだという実感が、年齢による衰えとともに体の動きをますます鈍くしていきます。

妻は、死の覚悟を決めた時から実に凛とした姿勢で日々を過ごしていました。心の中では、本当は苦しんでいたのではないかと思います。しかし、少なくとも妻はそのような不安感は決して外に出しませんでした。痛みはあったはずなのに、痛いとも言わず、最後の一ヶ月を過ごしました。

ただ、私が妻と同じような凜とした姿勢で死を迎えられるかということだけが不安です。「痛い、痛い」と喚《わめ》くのではないかという不安があります。死そのものは、もう怖いとは思いません。逆に、今の独りでの生活に終止符が打てるのであれば、一日でも早くお迎えを……という気持ちになっています。ただ健康な状態から死への過程に入ったその時期にどのような見苦しさを晒《さら》すのだろうかということだけが最大の不安です。

妻のように見事に死んでいくことはできないとは思いますが、できるだけのことをせねばと考えています。

3――死後のための準備

最近、よく夢を見るようになってきました。それも昔の知人の夢です。ご本人には、もう何年もお会いしていませんが、夢に現れてこられます。こうして、残りの人生で現実には二度とお目にかかることはないかもしれませんが、夢の中でお別れを告げているのかなと感じます。

私が死んだ後、長男が「後片付けはしますす」と言ってくれていますが、一緒に住んでいませんので、何かと分からないことが沢山あると思います。その日のためにも、金銭的な面で迷惑をかけないようにしておくこと、人間関係を整理しておくこと、家の中の物を整理しておくことなどが、今やらねばならないことかと考えています。つまり色々な局面の断捨離を急ぐ必要があります。しかし、単に物や人との関係を捨てることではなく、いわゆる簡素な生活をすることで、残りの人生で本当に必要なものが何かをよく考え、それ以外のものを捨てていくことが断捨離でしょう。**断捨離とは、捨てることではなく、真に必要なものを探し求めていくことだ**と感じ始めました。

✦最期は写真が何枚かあればいい

現在の家を求めた時には、居間には何もなく殺風景でした。しかし、今では妻との思い出を語る多くの飾り物で居間はあふれています。いつ求めたものか、どこで求めたものかと、一つ一つの飾り物が妻との思い出を語ってくれます。時々、飾り棚を眺めて、一つ一つのグラスや花瓶を眺めながら、それを求めた時の状況を思い出しています。しかし、これらの物も私が死んだら残された者にとっては単なる我楽多《がらくた》にしかすぎないのでしょう。思い出のような目に見えないものは、私の心の中に在るだけです。これらの我楽多は、多分処分される運命だと思います。それなら、私が元気な今のうちに喜んでくださる方に差し上げ、楽しんで使っていただけると有難いということに気がつきました。あの世まで持って行き、妻に見せる物以外は、基本的に全て整理しておかねばと考えています。妻の遺品を未だに完全に整理できないでいますが、かなり大胆に捨てたり、差し上げたりする過程を通じて、自分自身の断捨離も大胆にできるような気になってきました。

少なくとも一年間使わなかった日常生活品は思い切って捨てても問題が無いことは分かりました。

仕事柄、沢山の本がありますが、これら全てを先代から親しくしていただいている本屋さんに、私の死後引き取って処分してくださいと既にお願いしてあります。眼科学関係の珍しい古い本も幾つかありますが、売りにいけば唯《ただ》の古本です。でもそのような希少本を必要とされている方がいらっしゃれば、是非もらっていただけたらとお願いしています。

生まれてきた時は裸で、手には何も持っていなかったのですから、死んでいく時も何も持たないでも良いのではないのではと思い始めました。記念にとか、証《あか》しとして大切だと思っていた色々なメダルや賞状なども人生のこの段階では、大して意味を持たない物だなと思います。死の床では、妻との楽しかった日々の写真が幾つかあれば十分だと思っています。

✦ 君が愁いに我は泣き……

妻は私のことをとても気遣ってくれていました。格好良く見せようと一所懸命に尽くしてくれました。ですから残された時間を、背筋をしゃんと伸ばして、凛として生きていかねばと思っています。

妻にあの世で再会できたら、

「君が先に逝った後、それなりには背筋を伸ばして一所懸命に、格好良く生きたよ。君の言っていたミッションとはこうだったのだね。ちゃんとすませたよ。また会えてとても嬉しいよ」

と笑って言えるようにこれからも生きていくつもりです。その日が楽しみです。

一人になりますと、妻のことや他のことを心配する必要は無くなります。自分一人のことだけを考えて生活すれば良いのですから、ある意味とても自由であるとも言えます。しかしその反面、独り身の寂しさや虚しさはとても強いものです。色々な楽しいことや悲しいことなどを分かち合う相手がいないというのは辛く虚しいものです。楽しかったことは人と分かち合うことでさらに楽しいものになりますし、悲しいことは妻に話すことで、軽くなります。

子供の頃に、父親がよく聴いていたＳＰレコードの旧制大阪高等学校全寮歌の中に、

「君が愁いに我は泣き、我が喜びに君は舞う」

という一節がありました。深い意味は当時子供だった私はもちろん理解できていませんでしたが、未だに頭にこびりついています。学生時代の友情を述べたものでしょうが、古希を過ぎ、私の何ものにも代えがたいパートナーであった妻を失った今になって、この歌詞の意味がひしひしと分かるような気がします。

独り身の生活の自由と、喜びや悲しみを分かち合えない虚しさは背中合わせであると痛感します。

おわりに

歳をとってからオトコが独りで生きていく、というのは人生での新しい挑戦です。

夫婦のうちどちらかが先に逝くのは、人の世の運命です。

一般的には、男の私が先に逝くものとばかり考えていました。それが、がん発覚から一年半という短い時間で妻が先立つという事態に直面し、どのように生活を続けていくかというのは、新しい挑戦でした。

毎日の生活に加え、その生活を維持するための仕事と、両方をこなしていかねばなりません。仕事があるから生活が必要であり、生活のために仕事があるものです。二人で生活しているときには、生活のかなりの部分を妻が担当してくれており、私は仕事に専念することができました。

独りになると、両方を適当なバランスで行わねばならなくなります。

こうした日々が来ることを考えて、あらかじめ二人で今風に家事を分担しあっておれば、このような事態になってもオタオタすることはなかったかもしれません。しかし、それは妻の望んでいたことではありませんでしたし、私自身、生涯をかけてやってきた仕事をやり遂げるだけで精一杯でした。幸い半年ほどでしたが最後の時を妻と共に穏やかに過ごすことができました。この期間にある程度の家事の指導を受けましたが、実際独りで生活してみるとまだまだ教えておいてもらわなければならなかったことが沢山あることに気づきました。

私たち夫婦の間には子供がいません。妻には先に亡くなった先夫との間に子供が、また私には別れた先妻との間に子供がいます。しかしそれぞれは、成長し家庭を持ち独立して立派に生きています。したがって、独りになった私と一緒に住む人は誰もいません。

このような状況の中で、妻に先立たれて古希を迎えたオトコがどのようなことで苦労し、どのように悩みどのように解決していくかという過程をお話ししました。多くの皆様方にとって、「何を今更。当たり前のことじゃない」と言われそうな、その当たり前のことを古希を過ぎて学んでいきました。

私と同じように残念ながら奥様に先立たれた方のお役に立てるかもしれませんし、また残された子供たちが、母がいなくなった後、独りで生活する父がどのように考えているのかを知っていただける一助になることを祈っています。

西田輝夫
Teruo Nishida

1947年生まれ、大阪府出身。医学博士。
1971年大阪大学医学部卒業。
大阪大学蛋白質研究所、愛媛大学医学部第一生化学教室助手、
米国ボストンのスケペンス眼科研究所留学、
大阪大学医学部眼科学教室助手、
近畿大学医学部眼科学教室講師を経て、
1993年、山口大学医学部眼科学教室教授に。
2010年、山口大学理事・副学長就任。
2013年退任。
現在は、医療法人松井医仁会大島眼科病院監事、
（公財）日本アイバンク協会常務理事、
また、日本眼科学会などの名誉会員を務める。
2001年米国角膜学会にて、
日本人としては19年ぶり2人目となるカストロヴィエホ・メダル受賞。
その他、西日本文化賞（西日本新聞社）、日本眼科学会賞、
日本医師会医学賞、中国文化賞（中国新聞社）、
日本結合組織学会学術賞など受賞多数。
著書に、『ケースで学ぶ 日常みる角膜疾患』（医学書院、2010年）などがある。

70歳、はじめての男独り暮らし

2017年10月25日　第1刷発行

著　者　西田輝夫
発行人　見城 徹
編集人　福島広司

発行所　株式会社 幻冬舎
〒151-0051　東京都渋谷区千駄ヶ谷4-9-7

電話　03(5411)6211(編集)
03(5411)6222(営業)
振替　00120-8-767643
印刷・製本所　図書印刷株式会社

Printed in Japan
ISBN978-4-344-03203-3　C0095
幻冬舎ホームページアドレス　http://www.gentosha.co.jp/

この本に関するご意見・ご感想をメールでお寄せいただく場合は、
comment@gentosha.co.jpまで。